Umschlag: Barbara Globig
Umschlagfoto: Michael Hughes/Sequenz
Layout: Barbara Globig
Satz: Marina Siegemund
Belichtung: MSP Satz & Grafik, Berlin
Druck und Bindung: Tribüne Druck-GmbH, Berlin
Printed in the Federal Republic of Germany
ISBN 3-88520-438-X
EP 438
ELEFANTEN PRESS
Postfach 360 440, W-1000 Berlin 36
Am Treptower Park 28–30, O-1193 Berlin

Die Deutsche Bibliothek – CIP Einheitsaufnahme

Gympel, Jan:
Krumme Touren : mit der Straßenbahn durch Berlin / Jan Gympel. - Berlin : Elefanten Press, 1992
(EP ; 438)
ISBN 3-88520-438-X
NE: GT

Jan Gympel

Krumme Touren

Mit der Straßenbahn durch Berlin

Fotos von Jürgen Heinrich

ELEFANTEN PRESS

INHALT

Stullen nicht vergessen!

Praktische Hinweise zur Stadterkundung

Gibt es etwas Angenehmeres, als mit einem Straßenbahnzug durch die Häuserschluchten, über die Plätze und in die idyllischsten Gegenden einer großen Stadt zu schaukeln? An den Autofahrern, die mal wieder in ihrem selbstproduzierten Stau stecken, fährt man souverän vorbei, statt neben genervten Lenkradfetischisten zu sitzen, kann man in aller Ruhe seine Beobachtungen austauschen, und ruhiger und ruckfreier als ein Bus fährt die Straßenbahn auch.

Und dann ist dieses Vergnügen auch noch äußerst günstig zu haben: Der einfache Fahrschein kostet 1,80 Mark (ermäßigt 1 Mark), mit ihm kann man zwei Stunden lang kreuz und quer durch die Stadt fahren. Aber Achtung: Bei den Nahverkehrstarifen ist Berlin aus sozialen Gründen noch geteilt. Fahrkarten zum genannten Preis gibt es nur im einstigen Osten. Und wer dort – sei es in Ost-Berlin, sei es in der DDR – nicht bereits vor dem 3. Oktober 1990 seinen festen Wohnsitz hatte, darf mit den billigen Fahrscheinen nicht ins alte West-Berlin fahren (was zwar mit der Straßenbahn sowieso nicht geht, aber eventuell bei der Anreise bedacht sein will). Der einfache Fahrschein im Westen (der im Osten natürlich auch gilt) kostet 3 Mark (ermäßigt 2 Mark). Wer sparen will, kann in Ost wie West verbilligte Sammelkarten mit jeweils vier Fahrten erwerben. Oder er ersteht gleich eine 24-Stunden-Karte für 12 Mark (Kind bis 14 Jahren: 6 Mark), die überall genausoviel kostet. Daneben gibt es auch noch preiswertere Tageskarten für mehrere Personen. Sämtliche Fahrkarten gelten für alle in diesem Buch erwähnten Nahverkehrsmittel, mit Ausnahme der Strausberger Fähre; und wie alle Angaben beziehen sich auch diese Tarifinformationen auf den Stand vom Sommer 1992 (die Fahrzeiten sind den Plänen für 1992/93 entnommen und variieren je nach der unterschiedlichen Verkehrsdichte an Werktagen oder am Wochenende).

Da die Berliner Straßenbahnen erst nach und nach mit Fahrscheinautomaten ausgestattet werden und es, anders als bei den Bussen, keinen Verkauf durch das Personal gibt, sollte man sich schon vorher entsprechend versorgen. Das Ticket nach dem Einsteigen demonstrativ hochzuhalten, ist allerdings nicht mehr nötig. Dieser »gesellschaftlichen Kontrolle« unterwirft sich zwar noch der eine oder andere – doch das ist bloß Gewohnheit oder DDR-Nostalgie.

Andere Teile des »real-sozialistischen« Erbes wiegen weit schwerer: Zum einen gibt es ständig Bauarbeiten, sei es, daß das Tramnetz auf Vordermann gebracht wird oder aber die Straßen ausgebessert werden. Man muß sich daher darauf einstellen, daß immer mal wieder die eine oder andere Strecke für ein paar Tage oder auch Wochen gesperrt ist, daß Linien umgeleitet werden, es den schon zu DDR-Zeiten berühmt-berüchtigten »SEV« (Schienenersatzverkehr) per Bus gibt oder eine bestimmte Linie zeitweilig auch gar nicht verkehrt (der BVG-Kundendienst ist zu erreichen unter 2 16 50 88, die BVG-Zentrale unter 2 56-1). Ähnliches gilt für die S-Bahn, wo allerdings die Informationspolitik ein wenig besser ist.

Zum anderen befindet sich die Gastronomie im Osten immer noch auf einem recht bescheidenen Niveau, wo andererseits Abenteuer garantiert: Da wird einem schon mal das Hauptgericht serviert, bevor man mit der Suppe fertig ist, kommen die Klopse via Mikrowelle aus der Plastiktüte einer bekannten Tiefkühlkostfirma oder der angepriesene frische Spargel direkt aus der Dose! Oft kann man sich allerdings nicht einmal an solchen kulinarischen Kuriositäten erfreuen: Abgesehen von ausgesprochenen Ausflugsgegenden wie Schmöckwitz (Tour 7) oder Woltersdorfer Schleuse (Tour 8) ist das gastronomische Angebot – dank schleppender Privatisierung – momentan meist noch ebenso dürftig wie unbeständig. Und am Wochenende, wenn auch noch viele der zahllosen Imbißbuden, die einen offenbar gewaltigen Nachholbedarf an Fast food befriedigen, geschlossen haben, sieht's noch düsterer aus. Man sollte sich also nicht scheuen, für die »Krumme Tour« mit der Tram ein paar Stullen einzupacken.

Vorsicht vor

knabbernden Pferden!

Wie die Berliner Straßenbahn wurde, was sie ist

Zugegeben: Mit seiner Straßenbahn macht Berlin im Moment nicht allzuviel her. Doch so, wie an der Spree Deutschlands erste U- und S-Bahnen verkehrten, wie hier zum ersten Mal die radial auf das Zentrum zulaufenden Bahnstrecken zu Durchmesserlinien verbunden wurden, wie hier der erste lange S-Bahn-Tunnel unter der City angelegt wurde und die erste unterirdische Ladenstraße im Zusammenhang mit einem U-Bahnhof, so spielte die Stadt einst auch auf dem Gebiet der Straßenbahn eine Vorreiterrolle.

Am 22. Juni 1865 verkehrte hier die erste Pferdeeisenbahn Deutschlands. Vom Brandenburger Tor nahm sie ihren Weg über die heutige Straße des 17. Juni, bog dann in die heutige Otto-Suhr-Allee ein, passierte das Charlottenburger Schloß und endete dort, wo wenig später der Bahnhof Westend entstand. Gut zwei Monate später, am 28. August, konnte auch das noch fehlende Teilstück der regelspurigen und eingleisigen Strecke in Betrieb genommen werden: Vom Brandenburger Tor durch die heutige Clara-Zetkin-Straße zum Kupfergraben, also mitten ins historische Zentrum Berlins. Die insgesamt 7,8 Kilometer lange Linie wie geplant über die Linden zu führen, war vom Polizeipräsidium untersagt worden. Das hatte außerdem, da ja in Deutschland alles seine Ordnung haben muß, gleich eine »Verordnung betreffend den Betrieb von Pferde-Eisenbahnen« erlassen; eine ihrer Bestimmungen legte fest, daß anhaltende Wagen im Abstand von zehn Schritten zum vorausgehenden zu stoppen hätten, damit die Pferde diesen nicht anknabberten.

Derart gesichert, machte das neue Verkehrsmittel den bisher alles beherrschenden Pferdeomnibussen rasch Konkurrenz: Innerhalb kurzer Zeit soll die Bahn die parallellaufende Buslinie verdrängt gehabt haben. Kein Wunder: Die Straßen waren in schlechtem Zustand, was die sowieso schon begrenzte Leistungsfähigkeit der Pferde noch weiter einschränkte. Während die Busse maximal 25 Personen mit sechs Stundenkilometern (!) auf Strecken von höchstens fünf Kilometer Länge befördern konnten, schaffte die Pferdebahn doppelt so viele Personen bei bis zu acht Stundenkilometer Transportgeschwindigkeit auf Strecken von bis zu acht Kilometer Länge. Auch die Gründung der »Allgemeinen Berliner Omnibus-Actiengesellschaft« (ABOAG) im Jahre

1868, mit der die größten Buslinienbetreiber das nötige Kapital für den Konkurrenzkampf zu ergattern hofften, konnte am Vorsprung der Bahn zunächst nichts ändern.

Im Gegenteil: Als 1871, nach dem gewonnenen Krieg gegen Frankreich und der Gründung des Deutschen Reiches die Wirtschaft boomte, wurde auch die Pferdebahn als Kapitalanlage entdeckt. Noch im gleichen Jahr gründeten drei Bankiers und Unternehmer die »Große Berliner Pferde-Eisenbahn-Actien-Gesellschaft«. Teilweise diente sie ganz einfach der Grundstücksspekulation ihrer »Väter«: Nicht nur, daß die Stadt selbst bereits Überlegungen angestellt hatte, wie die extreme Bebauungsdichte und Überbevölkerung in Berlin durch eine Besiedlung des Umlands gemildert werden könnte, wozu man dann natürlich leistungsfähige Verkehrsverbindungen brauchte. Der Hamburger Kaufmann Carstenn hatte auch schon vorexerziert, wie man so etwas macht, als er 1865 die weit vor der Stadt gelegenen Rittergüter Giesensdorf und Lichterfelde kaufte, um dort Villenvororte anzulegen. Nach langwierigen Verhandlungen erreichte er 1868, daß die Züge der Berlin-Potsdamer und der Anhalter Bahn hier hielten. Und wenn es sich dabei auch noch um Fernzüge handelte, so war damit doch der Grundstein für den Vorortverkehr der Eisenbahn angelegt, aus dem schließlich die S-Bahn werden sollte.

Dampfend über den Ku'damm

Die Pferdebahn-AG, für deren Züge Lichterfelde sowieso viel zu weit weg lag, hatte derweil erst einmal andere Probleme: So sehr man sich im Magistrat um die Verkehrsprobleme sorgte, sowenig wollte ihr das Polizeipräsidium, das bis zum Ende des Kaiserreichs einen wesentlichen Einfluß auf die Berliner Stadtplanung ausübte, die Benutzung der innerstädtischen Straßen erlauben. Begründung: Die Bahn könnte den übrigen Verkehr beeinträchtigen. (Eine Sorge, die man in Berlin seitdem nicht mehr losgeworden ist.) Trotz des immer rasanteren Wachstums der Stadt entwickelte sich das Pferdebahnnetz daher nur langsam. Auch setzte die Zugkraft der Pferde sowohl der Beförderungskapazität als auch der Streckenlänge weiterhin enge Grenzen. Ab 1876 unternahm die »Großer Berliner« daher Versuche, die tierische Kraft durch Dampf zu ersetzen. Aber der leichte Unterbau der Pferdebahnen hielt die schweren Loks nicht aus, und so wurde ihr Betrieb in Berlin 1880 sogar ganz verboten. In den feinen, südwestlichen Vororten entwickelte sich dagegen ein kleines Netz von Dampfstraßenbahnen, nachdem 1886 der erste paffende Triebwagen über den gerade erst repräsentativ ausgebauten Kurfürstendamm gezockelt war. Im Zuge der diversen Konzentrationsprozesse auf dem Berliner Straßenbahnmarkt gelangten auch diese Strecken 1898 schließlich in den Besitz der Pferde-Eisenbahn-AG.

Zu diesem Zeitpunkt hatte sich das Unternehmen jedoch schon auf ein Antriebssystem besonnen, das in Berlin seine Weltpremiere erlebt, dann aber ein Schattendasein geführt hatte. Vielleicht lag es daran, daß sein Erfinder Werner Siemens dabei auch erst gar nicht an eine Straßenbahn gedacht hatte. Nachdem er 1866 den Elektromotor erfunden und 1879 auf der Berliner Gewerbeausstellung die erste funktionsfähige E-Lok auf einem dreihundert Meter langen Rundkurs vorgeführt hatte (die in den vier Monaten der Schau 86 000 Fahrgäste befördert haben soll), wollte er eine elektrische Hochbahn durch die Friedrich- oder die Leipziger Straße bauen. Da ihm dieses Projekt

S
Sonderzug
Potsdamer Platz
801

jedoch – nicht zuletzt wegen der Anwohnerproteste – nicht genehmigt wurde, wich er nach Lichterfelde aus, wo dann am 16. Mai 1881 die weltweit erste elektrische Bahn im öffentlichen Verkehr fuhr. Die 2,45 Kilometer lange Strecke zwischen dem dortigen Anhalter Bahnhof (heute »Lichterfelde Ost« und zur Zeit noch stillgelegt) und der damaligen Hauptkadettenanstalt (heute Andrews Barracks) in der Finckensteinallee hatte eine Spurweite von 1000 mm und verlief auf der Trasse einer stillgelegten Güterbahn. Die Spannung betrug nur 180 Volt und wurde über die Fahrschienen zugeführt; ab 1887 experimentierte man – nach wenig erfolgreichen Versuchen auf der Berlin-Charlottenburger-Linie – auch mit einer Oberleitung. Ausdrücklich wollte Siemens die Anlage als »von ihren Säulen und Trägern genommene Hochbahn« verstanden wissen.

In den Folgejahren entwickelte sich aus dieser Strecke ein kleines Netz elektrischer Tramlinien zwischen der Anhalter und der Potsdamer Bahn (heute S 1). Doch erst in den 1890er Jahren, als sich die Stadt bereits erheblich ausgedehnt hatte, die großen Industriebetriebe an die neue Peripherie gezogen waren und der damit entstandene Berufsverkehr den Transport sehr vieler Menschen über lange Strecken innerhalb sehr kurzer Zeit erforderte, konnten Siemens & Halske ihre Lichterfelder Erfahrungen in klingende Münze umsetzen. Nun gehörten sie zu jenen Elektrounternehmen, die überall in Deutschland die vorhandenen Netze elektrifizierten und neue Verkehrsunternehmen gründeten, wozu für gewöhnlich die Großbanken das Geld gaben. So entstand, hauptsächlich in Kooperation von Siemens und der Deutschen Bank, auch die »Gesellschaft für elektrische Hoch- und Untergrundbahnen« in Berlin, die 1902 endlich den Traum des zehn Jahre zuvor verstorbenen Erfinders wahr werden lassen sollte. Das AEG-Projekt einer Röhrenbahn noch Londoner Vorbild wurde dagegen nicht weiter verfolgt. Dabei hatte die Gesellschaft 1895–99 extra einen entsprechenden, 454 Meter langen Spreetunnel zwischen Stralau und Treptow gebaut, um zu zeigen, daß dies auch im sandigen, sumpfigen Berliner Boden ging. Bis 1932 von der Straßenbahn genutzt, wurde die Röhre dann wegen erster Schäden stillgelegt, im Krieg zerstört und ihre Reste 1968 beseitigt; auf Stralau erinnert noch heute die Tunnelstraße an sie.

Die Deutsche Bank hatte ihre Finger auch im Spiel, als ab 1896 das Netz der »Großen Berliner Pferde-Eisenbahn-AG« von der »Union-Elektrizitäts-Gesellschaft« umgestellt wurde. Die UEG, die später von der AEG geschluckt wurde, errang schließlich eine Beteiligung an dem Verkehrsunternehmen, das sich nun »Große Berliner Straßenbahn AG« nannte und seine marktbeherrschende Stellung mit der Elektrifizierung noch ausbauen konnte. Mit ihrer Zustimmung zum elektrischen Betrieb hatte die Stadt Berlin der GBS jedoch einen Zehn-Pfennig-Einheitstarif aufgezwungen, der die Kosten nicht deckte und daher den weiteren Ausbau des Netzes behinderte. Obwohl 1901 das Mitführen von Beiwagen erlaubt wurde, war die Straßenbahn in der nach Menschen wie Fläche immer weiter wachsenden Stadt an den Grenzen ihrer Kapazität angelangt. Hinzu kam, daß der Omnibus, bei dem ebenfalls um die Jahrhundertwende die Pferde durch Verbrennungsmotoren ersetzt worden waren, sich zu einem ernst zu nehmenden Konkurrenten entwickelte. Sowohl die GBS als auch die »Hochbahngesellschaft« reagierten darauf in klassisch-kapitalistischer Manier: 1913 erwarben sie je ein Drittel der ABOAG-Aktien und vereinbarten, den Autobusverkehr nicht weiter auszubauen. In ebenso klassischer Manier hatte man dabei darüber hinweggesehen, daß man sich kurz zuvor noch spinnefeind gewesen war: Die GBS hatte ihr Monopol auf die verkehrsmäßige

Nutzung der Straßen jahrelang dazu benutzt, den Bau der U-Bahn zu behindern. Ihretwegen muß man mit der U 2 noch heute vom Potsdamer Platz zum Spittelmarkt in Schlangenlinien durch Nebenstraßen fahren, statt den geraden Weg durch die Leipziger Straße zu nehmen.

Diese abschreckenden Beispiele der privatwirtschaftlichen Organisation des öffentlichen Nahverkehrs ließen die Stadt Berlin schon in den 1890er Jahren an den Aufbau eines kommunalen Verkehrsbetriebs denken. Die 1908 nach langen Auseinandersetzungen mit dem Staat wie mit der GBS endlich eröffneten Städtischen Straßenbahnen blieben jedoch bedeutungslos. Nur eine Übernahme der »Großen Berliner«, die 1916 zwei Drittel des 574 Kilometer langen Streckennetzes in der Stadt und ihren Vororten kontrollierte und über mehr als 80 Prozent der Wagen verfügte, konnte den Durchbruch bringen. Doch erst in Folge des Ersten Weltkriegs und der durch ihn verursachten wirtschaftlichen Probleme, gelang 1919 der Kauf des Unternehmens durch den von Berlin und seinen Umlandkörperschaften gebildeten »Zweckverband Groß-Berlin«. Ebenfalls wurden die »Berliner Ostbahnen« erworben, und als ein Jahr später die Einheitsgemeinde gebildet wurde, fielen nach und nach auch die Betriebe der vorher selbständigen Kommunen zu, so daß sich 1921 nahezu das gesamte Straßenbahnnetz in ihrem Besitz befand.

Doch die zunächst verfügte Direktverwaltung durch die Stadt brachte seltsamerweise eine falsche Tarifpolitik und vor allem deshalb bis 1923 einen Rückgang der Fahrgastzahlen um 75 Prozent. Verbunden mit der Inflation führte dies am 8. September 1923 zum Zusammenbruch der Gesellschaft und der völligen Betriebseinstellung. Erst langsam konnte die nachfolgende »Berliner Straßenbahn-Betriebs GmbH«, die wieder eine größere Unabhängigkeit erhielt, den Verkehr neu aufbauen.

Ein Reisemitbringsel aus Amerika

Kaum war die Inflation überstanden und ein gewisser wirtschaftlicher Aufschwung zu verzeichnen, setzte die Modernisierung der Berliner Nahverkehrsmittel ein: 1924 begann die neugegründete Reichsbahn mit dem Aufbau ihres S-Bahn-Betriebes, auf den schon 1930 der größte Teil der Nahverkehrsstrecken auf Berliner Stadtgebiet umgestellt war – mit erheblichen Zeit- und Komfortgewinnen für die Fahrgäste. Die Straßenbahn konnte da nicht nachstehen, zumal ein erster Autoboom in Amerika bereits ausgebrochen war. Einige Herren der »Straßenbahn-Betriebs-GmbH« hatten 1924 bei einer Dienstreise dorthin übrigens einen Verkehrsturm im Einsatz gesehen und sofort einen gleichartigen gekauft. 1926 auf dem Potsdamer Platz als erste Verkehrsampel Deutschlands aufgestellt, verschwand er zwar schon rund zehn Jahre später, als dort die S-Bahn gebaut wurde, konnte aber nichtsdestoweniger zum geradezu mythischen Sinnbild für das pulsierende Berlin der Zwischenkriegszeit werden.

In ihren Modernisierungsbetrebungen legte sich die Straßenbahn 1924 je fünfhundert (!) Trieb- und Beiwagen zu, die Peter Behrens, der AEG-Hausdesigner und Wegbereiter der Moderne, entworfen hatte. Bis heute stellen diese »T 24«/»B 24« die größte je in Deutschland entstandene Serie einheitlicher Bauart dar, 1925 kamen noch einmal 300 ähnliche Beiwagen hinzu. Mit ihnen konnte nicht nur das Typenwirrwarr der übernommenen 2557 Trieb- und 1767 Beiwagen (Zahlen von 1921) größtenteils bereinigt, sondern auch die Reisegeschwindigkeit erhört werden. Doch technisch waren sie nicht auf dem neuesten Stand, ihre Motorleistung reichte nur zum Mitführen eines Beiwagens aus; außerdem gab es Kritik an ihrem etwas plumpen Aussehen. Abhilfe sollten die 1926 erprobten »Schützenwagen« schaffen, benannt nach ihrer Steuerung über elektromagnetische Schaltschütze, von denen 300 Stück beschafft wurden. Doch in einem Anfall von Technikeuphorie hatte man geglaubt, auf eine mechanische Handbremse verzichten zu können. Fiel nun der Strom, etwa in Folge von Netzüberlastung, aus, so schaltete sich zwar die Ankerzangenbremse ein; die war jedoch nicht näher zu beeinflussen, ohne Strom konnte man sie auch nicht lösen und neu einlegen, so daß leicht die Achsen blockierten und der ganze Zug zu gleiten begann, was zu einer Reihe von Unfällen führte. So mußten 1931 die dreihundert Wagen aus dem Verkehr gezogen und Uraltfahrzeuge, teils noch mit offenen Plattformen, reaktiviert werden. Nachdem sie 1933–36 in unterschiedlicher Form umgebaut worden waren, versahen die »TM 33«, »TM 34« und »TM 36« – alle leicht an den Mitteleinstiegen zu erkennen – jedoch ihren Dienst noch fast vierzig Jahre lang.

Dabei plagten die BVG, als die »Schützenwagen« ausfielen, noch ganz andere Sorgen: Nachdem sich die Stadt bereits 1926 auch die Aktienmehrheit bei der ABOAG und der »Hochbahngesellschaft« verschafft hatte, wurden diese zum 1. Januar 1929 mit der GBS und den diversen kommunalen U-Bahn-Strecken zur »Berliner Verkehrs-Aktiengesellschaft« (BVG) vereinigt, dem bis heute größten deutschen Nahverkehrsunternehmen, das 1938 in einen städtischen Eigenbetrieb umgewandelt wurde. Bei ihrer Gründung übernahm die BVG 89 Straßenbahnlinien mit einer Länge von 1600 Kilometern bei einer Streckenlänge von 634 Kilometern, rund 4000 Wagen und zwanzig Betriebshöfe. 889 Millionen Fahrgäste waren 1928 mit der »Elektrischen« befördert worden. Während es zunächst noch zu einem weiteren Ausbau des Verkehrs kam, setzte ab 1930 die Weltwirtschaftskrise auch der BVG und ihrer Straßenbahn zu. Jetzt wurde der Verkehrsgesellschaft der bereits 1927 eingeführte Einheitstarif mit einmaliger Umsteigeberechtigung (der 1928 auf die S-Bahn ausgeweitet worden war) zum Fluch: Weggeworfene Tickets, auf denen die Anschlußfahrt noch möglich war, wurden gesammelt und für eigene Zwecke genutzt oder auch verhökert. Die große Not machte erfinderisch, und so sollen sich besonders in der Nähe der Stempelstellen der Arbeitsämter regelrechte Tauschbörsen entwickelt haben.

In den dreißiger Jahren begann auch bereits ein schleichender Aufstieg des Busverkehrs: 1930 wurden die beiden 1000-mm-Strecken, die aus der ersten elektrischen Straßenbahn der Welt hervorgegangen waren, auf Busbetrieb umgestellt, Ende Oktober 1934 geschah das gleiche mit der ersten Pferdebahnstrecke Deutschlands auf der heutigen Straße des 17. Juni: Beim Ausbau zur pompösen »Ost-West-Achse« störte die Tram nur. Standen 1928 ihren 89 Linien nur 35 beim Bus gegenüber, so waren es zehn Jahre später schon 71 gegen 54, die Linienlänge hatte sich bei der Straßenbahn von 1600 auf 1365 Kilometer reduziert, beim Bus von 338 auf 552 Kilometer erhöht.

Die Straßenbahn als Kriegsfaktor

Doch als die Nazis dann den Krieg begannen, brauchten sie die Straßenbahn mehr denn je, benötigte diese doch weder Treibstoff noch Reifen. Haltestellen wurden aufgehoben, wodurch man die Reisegeschwindigkeit von rund sechzehn auf knapp neunzehn Stundenkilometer erhöhte, die Motoren bis an ihre Grenze belastet, spezielle »Kriegslinien« eingerichtet und sogar Arbeitstriebwagen für den Personenverkehr hergerichtet. Auch kam es, verstärkt ab November 1943, zu einer Wiederaufnahme des Güterverkehrs. Schon im Februar 1917, als der Erste Weltkrieg nicht besonders gut für die deutschen Weltmachtträumer stand, war die Straßenbahn in den Dienst der Post getreten. Bis zu fünfzehn Ämter sollen mit 23 speziell umgebauten Triebwagen und 38 der Post gehörenden Beiwagen bedient worden sein; Anfang 1935 war der Paketverkehr wegen der zunehmenden Motorisierung endgültig eingestellt worden. Acht Jahre später beförderte die Tram vor allem Lebensmittel von extra angeschlossenen Güterbahnhöfen und Häfen zu den Verteilerstellen in den Bezirken. Ab 1944 bewältigte die BVG per Straßenbahn fast den gesamten Zeitungsvertrieb, zum 1. Juli des gleichen Jahres kam dann ein »Stadtgüterverkehr« genannter Stückguttransport hinzu, der über acht Annahme- und Ausgabestellen am Stadtrand bewältigt wurde; als Umschlagplatz diente der zerbombte Betriebshof in der Kreuzbergstraße. Und im September, die Treibstoffknappheit wurde immer prekärer und der Personenverkehr per Straßenbahn sowieso immer stärker eingeschränkt, nahm die Tram auch noch einen »Schleppverkehr« für Lkws, Anhänger und sogar ganze Lastzüge auf. Nach dem Krieg spielte der »Stadtgüterverkehr« nur noch eine kleine Rolle, weshalb er 1947 aufgegeben wurde. Wichtiger war dagegen der Abtransport von Trümmerschutt.

Dabei lag natürlich auch bei der Straßenbahn genug in Trümmern: Als der Verkehr am 20. Mai 1945 mit drei Linien wieder aufgenommen wurde, waren nur noch ein Viertel der Wagen betriebsfähig, die Oberleitungen waren zu 95 Prozent zerfetzt, die Gleise größtenteils, vier Betriebshöfe völlig und die Hauptwerkstatt zu vier Fünfteln zerstört. Aber schon Ende des Jahres fuhren wieder 50 Linien mit 328,3 Kilometer Länge, die täglich mehr als eine Million Fahrgäste beförderten. Bereits 1948 war die grobe Instandsetzung des Netzes abgeschlossen.

Nun begann man mit der Umstellung auf Scherenstromabnehmer, die eine erheblich einfachere Konstruktion des Fahrdrahtes ermöglichten. Während Siemens von vornherein mit dem »Lyra-Bügel« gearbeitet hatte, statteten UEG bzw. AEG die »Große Berliner« Anfang des Jahrhunderts mit Stangenstromabnehmern aus, welche in den dreißiger Jahren durch Gleitschuhe ersetzt wurden – manche sagen, wegen der besseren Energieübertragung, manche, wegen des luftschutzgerechten geringeren Funkenflugs. Mitte der fünfziger Jahre war die Umrüstung auf Scherenstromabnehmer, auch in Ost-Berlin, beendet.

Gleichzeitig wurde der Berliner Alltag immer grotesker: So verkehrte die Straßenbahn während der Blockade im Westen der Stadt wegen des Strommangels nur bis 18 Uhr, derweil im Osten der Betrieb wie gewohnt aufrechterhalten werden mußte, ja, die Fahrzeuge aus Propagandagründen sogar wieder voll verglast wurden. Noch absurdere Zustände boten sich der BVG, die noch immer ein Betrieb war, allerdings seit Spätherbst 1948 unter zwei Stadtverwaltungen zu arbeiten hatte, auf finanziellem Gebiet: Die im Juni eingeführten Währungen galten nebeneinander. Da jedoch die Ostmark schon sehr bald erheblich weniger Kaufkraft besaß als die Westmark, bezahlten fast alle Fahrgäste in Ost, was für die BVG erhebliche Einbußen bedeutete. Erst mit dem 20. März 1949 wurden die Währungsgebiete getrennt. Dafür mußten nun jeweils an der Sektorengrenze die Schaffner wechseln.

Noch seltsamer wurde es, als am 1. Juni 1949 wieder ein Umsteigefahrschein eingeführt wurde: Der Tarif von 30 Pfennig (ermäßigt 15 Pfennig) galt zwar in Ost wie West, doch die Anschlußfahrt mußte im gleichen Währungsgebiet angetreten werden, konnte dann allerdings auch über die Grenze führen.

Dementsprechend gab ein und dieselbe BVG zwei verschiedene Fahrscheine zum gleichen Tarif aus. Erst am 1. August 1949 wurde dann auch der Verkehrsbetrieb getrennt. Dennoch betrieb man einige Linien weiterhin gemeinsam, fuhr die Straßenbahn noch immer über die Grenze – bis zum 15. Januar 1953. An diesem Tag setzte die Ost-BVG, entgegen den Absprachen und in Kenntnis der westlichen Vorschriften, massiv Fahrerinnen auf Intersektorenlinien ein. Die West-BVG reagierte promt, stoppte die Züge, und noch am gleichen Tag sperrte die östliche Polizei die Schienenstränge. Wer aber zum Beispiel mit der West-3 bis zur Bornholmer Straße gefahren war, konnte auch weiterhin mit dem gleichen Fahrschein auf der jenseits der Bösebrücke verkehrenden Ost-3 die Fahrt fortsetzen.

Neue Wagen werden versteckt

Fortan kletterten in West-Berlin regelmäßig die Preise und sank das Straßenbahnangebot. Dabei hatte man 1951 die erste neuen Wagen beschafft, sechs Triebwagen auf alten Fahrgestellen und acht Leichtmetall-Beiwagen; ab 1. Oktober 1952 fuhren sogar zwei zukunftweisende, je Wagen vierzehn Meter lange Großraumzüge mit vierachsigen Drehgestellen und Fahrgastfluß. Doch der Kredit, dessen Aufnahme die BVG Ende 1952 beim Berliner Abgeordnetenhaus für die Beschaffung neuer Züge beantragt, wird im Laufe des darauffolgenden Jahres in einen für neue Autobusse umgewandelt. Eine Rolle dürften dabei durchaus auch die Entwicklungskosten für die Doppeldeckerbusse gespielt haben, von denen die Firmen natürlich möglichst viele loswerden wollten, was eben nur in Berlin ging. Freilich wurden auch in den folgenden Jahren in der Frontstadt moderne Straßenbahnzüge gebaut. Um die Westberliner nur ja nicht auf falsche Gedanken zu bringen, sollen diese Wagen die Stadt stets sorgfältig verhüllt verlassen haben.

Beseelt von einem naiven Fortschrittsglauben, machte man sich nun an die systematische Zerstörung des 267 Kilometer großen Netzes, auf dem 1953 noch 36 Linien mit 424 Kilometer Länge fuhren. Als erstes mußten, schon aus Repräsentationsgründen, am 1. Juli 1954 die beiden Linien auf dem Ku'damm dran glauben – schließlich wollte man absolut modern sein. Zug um Zug wurde eine Tramlinie nach der nächsten »auf Busverkehr umgestellt«: Dieser, so behauptete der einstige BVG-Direktor Piefke noch in den siebziger Jahren, habe sich der geänderten Verkehrslage mit den immer weiter wachsenden Autozahlen besser anpassen können; statt wie die Straßenbahn besondere Fahrtstrecken zu beanspruchen, »fließe er im Verkehr mit«, so das gängige Argument. Heute, wo oft genug gar nichts mehr fließt, sondern auch der »Große Gelbe« im Autostau steckenbleibt und um jeden Meter Busspur mühsam gekämpft werden muß, zeigt sich der völlige Bankrott dieser Politik. Das gilt auch für die Vorstellung, die, nicht zuletzt auf Grund des Einflusses der Westberliner Tiefbaulobby, massiv ausgebaute U-Bahn könne die Straßenbahn ersetzen: Inzwischen kostet ein Kilometer Tunnelstrecke zehn- bis dreißigmal soviel wie ein neuer Kilometer Tram.

Im Oktober 1960 hatte man bereits den Norden West-Berlins straßenbahnfrei gemacht, die berühmte »Straßenbahnstadt« in der Müllerstraße, die der Architekt Jean Krämer in den zwanziger Jahren geschaffen hatte, war zum Autobusbetriebshof umgebaut worden. Im gleichen Jahr wurde der Nahverkehr eingestellt. Ende 1962 verkehrten noch achtzehn Linien mit 231,7 Kilometer Länge auf 157,6 Kilometer Strecke in West-Berlin, Ende 1965 noch acht (105,6 bzw. 74 Kilometer), nur noch

18

die Betriebshöfe Britz und Charlottenburg waren übriggeblieben. Am 2. Oktober 1967 fuhr mit der Linie 55 zwischen Hakenfelde und Zoo die letzte Straßenbahn in West-Berlin.

In Ost-Berlin, wo im übrigen der am 1. September 1944 eingeführte Kriegseinheitstarif von zwanzig Pfennig ohne Umsteigeberechtigung bis 1990 galt, wollte man da nicht nachstehen. Im steten Ringen um das von Walter Ulbricht propagierte »Weltniveau« verbannte man die Straßenbahn in den sechziger und frühen siebziger Jahren fast aus dem gesamten engeren Stadtzentrum, vom zur Betonwüste umgestalteten Alexanderplatz ebenso wie von der einstigen Paradestrecke auf der Leipziger Straße. Außerdem wurde fast das gesamte Treptower Netz stillgelegt und Wagen wie Anlagen häufig »auf Verschleiß« gefahren. Ein Sinneswandel setzte erst Mitte der siebziger Jahre ein. Vielleicht hatte man ja schon gemerkt, daß für die 1970 großartig angekündigte Verlängerung des U-Bahn-Netzes von 14 auf 56 Kilometer kaum die Baukapazitäten ausreichen würden; jedenfalls wurde bis heute nur ein einziger Tunnelbahnhof neugebaut. Statt dessen machte man sich an den Ausbau der Tram, die man dringend zur Erschließung der großen Trabantenstädte benötigte. Über dreißig Kilometer wurden im Zusammenhang zwischen 1979 und 1991 neu eröffnet. Im Sommer 1992 umfaßt das Streckennetz 176 Kilometer (Gesamtgleislänge 397 Kilometer), auf denen 38 Linien mit 448,6 Kilometer Länge verkehren; nachts fahren elf Linien mit 144,8 Kilometer Länge. 1991 wurden mit 105 Millionen 44,5 Prozent aller Fahrgastfahrten im Bereich der damals noch eigenständigen Ostberliner Verkehrsbetriebe bei der Tram gezählt, mehr als beim Bus.

Im Innern eines »Tatra«-Wagens – außerhalb der Rush-hour

Fast alle werden inzwischen mit den »Tatra«-Zügen aus den Prager CKD-Werken bewältigt, deren serienmäßige Auslieferung nach Berlin Ende 1977 begann. 395 der Kurzgelenktriebwagen vom Typ »KT4D« umfaßte der Berliner Wagenpark Ende Juni 1992, hinzu kamen 99 thyristorgesteuerte (»KT4Dt«), die sich für den Fahrgast aber nicht von den anderen unterscheiden. Seit 1988 wurden außerdem 118 Großraumtriebwagen (»T6A2«) und 59 entsprechende Beiwagen (»B6A2«) ausgeliefert. Mit diesem »Tatra«-Bestand wäre es möglich, das gesamte Berliner Netz zu betreiben. Bis heute fehlt dazu jedoch auf einigen Strecken die ausreichende Stromversorgung. So sind auch noch 95 Trieb- und 142 Beiwagen jener berühmt-berüchtigten »Reko«-Serie in Betrieb, die das Reichsbahnausbesserungswerk Schöneweide zwischen 1959 und 1970 in Anlehnung an den Gothaer Einheitstyp »M 57« teils auf alten Fahrgestellen, teils vollständig neu baute; außerdem je 15 Großraumbetrieb- und -beiwagen (»TDE« bzw. »BDE 61/64«), die der VEB Waggonbau Gotha in den frühen sechziger Jahren produzierte.

Stadt- oder Schneckenbahn?

All dies umschreibt schon das gesamte Dilemma, in dem sich die Berliner Straßenbahn gegenwärtig befindet: Schon aus finanziellen Gründen, aber auch angesichts der ausgelasteten Herstellerkapazitäten wird man mit den »Tatras« noch eine Weile leben müssen, für die ein Modernisierungsprogramm denn auch bereits ansteht; ihre hohen Einstiegsstufen wird das freilich nicht beseitigen können. Gleichzeitig läßt der Ausbau der Strecken zu wünschen übrig: Daß zwei Drittel aus straßen-

Gleiserneuerung in der Schönhauser Allee

unabhängigen Gleiskörpern bestehen, ist auch schon das Beste, was sich sagen läßt. Obwohl die »Tatras« sechzig Stundenkilometer fahren können, bringen sie es nur auf eine Durchschnittsreisegeschwindigkeit von bestenfalls 19,6 km/h, der Berliner Gesamtdurchschnitt liegt sogar nur bei 17,3 km/h. Denn nicht selten wird die Bahn durch den Autoverkehr behindert, generell viel zuviel Zeit an roten Ampeln vertan, da Vorrangschaltungen oder andere Ampelbeeinflussungen fehlen bzw. nach der »Wende« stillgelegt wurden. Auch liegen viele Haltestellen – deren Abstand in Berlin mit durchschnittlich 274 Metern sehr gering ist – an Umsteigepunkten ungünstig, so daß lange Wege entstehen. Schließlich ist die Streckenführung vor allem in der City absurd: die radial auf ihn zulaufenden Trassen knicken kurz vor dem Alexanderplatz ab, den die Fahrgäste nur über Umwege und Umsteigen erreichen können.

Eine Verlängerung von der Hans-Beimler-/Ecke Mollstraße zum Alex und weiter über Gruner-, Gertrauden- und Leipziger Straße bis zum Potsdamer Platz gehört denn auch zu den vordringlichsten Erweiterungsplänen des Senats, der innerhalb der nächsten zehn Jahre den Übergang zu einer modernen »Stadtbahn« bewältigen will. Niederflurfahrzeuge mit flachem Einstieg, Bahnsteige, ein rechnergesteuertes Leitsystem und ein Verkehr fast nur noch auf unabhängigem Gleiskörper gehören dazu; stillgelegt werden sollen die Strecken nach Rosenthal (Linie 22), nach Altglienicke (84) sowie diverse Innenstadttrassen wie in der Friedrich- und Oranienburger Straße sowie der Schönhauser Allee. Dafür sollen in einer ersten Ausbaustufe bis zur Jahrtausendwende 42 Kilometer neugebaut werden, teils als Ersatz, teils zur Verknüpfung des Netzes mit West-Berlin und dort gelegenen wichtigen Umsteigemöglichkeiten.

Die politisch Verantwortlichen in Berlin scheinen begriffen zu haben, daß die Straßenbahn das öffentliche Nahverkehrsmittel der Zukunft ist, zumal in einer Zeit leerer Kassen: Bei entsprechendem Ausbau erreicht sie fast die Reisegeschwindigkeit der U-Bahn, ist aber ungleich billiger zu bauen und für die Fahrgäste einfacher zu erreichen, da sie öfter hält und ebenerdig verkehrt; außerdem kann sie ein dichteres Netz mit mehr Verzweigungen, also direkten Verbindungen knüpfen. Im Vergleich mit dem Bus läßt sich die Kapazität der Straßenbahn besser an das Verkehrsaufkommen anpassen; ein Triebwagenführer kann bis zu 440 Menschen befördern, ein Busfahrer nur hundert; außerdem beschleunigt und fährt die Tram generell ruhiger, es gibt kein Schuckeln und Schlingern und – wenn ein eigener Gleiskörper vorhanden – auch weniger abrupte Bremsungen.

Der Senat schließt sich der Auffassung an, daß die erhebliche Steigerung des Verkehrsaufkommens, die in Berlin für die nächsten Jahre erwartet wird, nur von der schnell und billig zu bauenden Straßenbahn aufgefangen werden kann. Mit der Vorstellung seines Konzepts kündigte der Senat im November 1991 an, für die Verlängerungen der 3 Richtung U-Bahnhof Seestraße, der 4 via Bernauer und Invalidenstraße Richtung Lehrter Bahnhof und die schon genannte Trasse zum Potsdamer Platz die Planfeststellungsverfahren im Frühjahr 1992 einzuleiten. Im Sommer 1992 war dies noch nicht in einem einzigen Falle geschehen.

Seite 30: Die Gethsemanekirche im Prenzlauer Berg – Zentrum der »Herbstrevolution« von 1989

Friedensgebet

Mietskasernenstadt und märkisches Dorf

Linie 49:
Die sinnlose Festung – Wertheims Warenhauswunderwelten – Zwei aufmüpfige Kirchen – Pralles Leben am Prenzlauer Berg – Wo Franzosen einst Gemüse anbauten

Früher einmal bündelte sich das Berliner Straßenbahnnetz am Spittelmarkt, am Alexanderplatz oder in der Leipziger Straße, wo 1913 stellenweise 25 Linien fuhren. Seit die Tram dank der Planung zur »autogerechten Stadt« fast aus der gesamten engeren City verschwunden ist, bildet der Hackesche Markt (S-Bahn-Station zwischen Friedrichstraße und Alex) einen wichtigen Knoten- und vor allem Ausgangspunkt.

Der Platz selbst ist ein Schlag ins Gesicht aller modernen Verkehrs- und Stadtplaner: völlig unregelmäßig treffen hier mehrere Straßen aufeinander, wenngleich der chaotische Eindruck durch die kriegsbedingt immer noch fehlenden Platzwände etwas gemildert wird. Seine Form verdankt er – wie der ähnlich »verschnittene« Hausvogteiplatz – der Bastion, die hier entstand, als der »Große Kurfürst« ab 1658 Berlin mit einem Festungsring umgeben ließ. Doch kaum waren die Anlagen, die die Berliner Bürger errichten mußten, nach 25 Jahren fertig, waren sie kriegstechnisch schon wieder überholt. Um 1750 wurde die hiesige Bastion geschleift und der Platz nach dem damaligen Stadtkommandanten, dem Grafen von Hacke, benannt.

Noch heute läßt sich mit einem Blick auf den Stadtplan auch erkennen, daß dieser Platz einst vor den Toren Berlins lag: Die Spandauer Straße und die nach dem Krieg vielspurig ausgebaute Straße »An der Spandauer Brücke« münden hier. Letzterer Name weist auf den Wassergraben hin, von dem Berlin einst ebenso umschlossen wurde wie seine Schwesterstadt Cölln. Doch während der als »Kupfergraben« und »Friedrichsgracht« bezeichnete Cöllner Spreearm erhalten geblieben ist, wurde der Berliner »Königs-« oder »Zwirngraben« 1878 zugeschüttet und auf ihm die vier Jahre später eröffnete Stadtbahn gebaut. So heißt denn auch die kleine Straße, die am Bahnhof entlangläuft, »Am Zwirngraben«. Die von Johannes Vollmer entworfene Station selbst wurde ursprünglich »Börse« und von 1950 bis 1992 »Marx-Engels-Platz« genannt; sie ist eine der wenigen, die aus der Anfangszeit der Stadtbahn erhalten geblieben ist.

Am Hackeschen Markt spaltet sich dann der aus der einstigen Altstadt kommende Weg in die Oranienburger und die Rosenthaler Straße. Beide durchqueren die Spandauer bzw. die Rosenthaler Vorstadt, die kaum gegeneinander abzugrenzen sind. Vor allem unter der historisch nicht ganz exakten Bezeichnung »Scheunenviertel« hat diese Gegend in den letzten Jahren Berühmtheit erlangt als eines der verrottetsten, wegen der jahrzehntelangen Vernachlässigung aber in seinen Strukturen mit am besten erhaltenen Berliner Stadtviertel. Anders als auf der Fischerinsel oder rund um das Rote Rathaus konnte die von der SED bereits begonnene Kahlschlagsanierung hier gerade noch gestoppt werden. So vermittelt sich ein ungefährer Eindruck, wie die Berliner Altstadt ausgesehen haben muß, bevor auch noch jene Gebäude, die den Krieg überstanden hatten, in den sechziger Jahren der Spitzhacke zum Opfer fielen.

Wer nicht gleich am Hackeschen Markt in die 49 steigen will, sollte zuvor die »Hackeschen Höfe« besichtigen. Hinter dem Frontgebäude in der Rosenthaler Straße 40/41 verbirgt sich zunächst ein Hof, der mit bunten, leicht orientalisch anmutenden Kacheln gefliest ist. Darauf folgen acht weitere Höfe, eine chaotische Mischung aus Arbeiten, Wohnen und inzwischen auch Kultur (das Varieté Chamäleon gilt als Geheimtip), wie sie fast allen Stadtplanern der letzten hundert Jahre ein Graus war und als absolut abrißwürdig erschien. Der 1905–07 entstandene Komplex, wahrscheinlich der größte noch erhaltene in Berlin, endet in der Sophienstraße, die von der SED prestigemäßig herausgeputzt worden ist. Tritt man aus der Tordurchfahrt, sieht man gleich rechts einen der wenigen Warenhausbauten Berlins, die den Krieg und – vor allem – die anschließende Abrißwut überstanden haben. Doch während man in der Sophienstraße noch einen Eindruck von der aufwärtsstrebenden Fassadengliederung erhält, ist die Hauptfront völlig verunstaltet, die Schaufensterreihe durch finstere Arkaden, das hohe Sattel- durch ein Flachdach ersetzt worden und der große Eingang in der Mitte verschwunden.

Barzahlung: Eine revolutionäre Neuerung

Was dieses Überbleibsel schon verrät: die Rosenthaler war einst eine belebte Einkaufsstraße. An eben jener Stelle, wo heute noch sein einstiges Warenhaus steht, hatte der junge Georg Wertheim 1885 seine Berliner Filiale eröffnet. Erst neun Jahre zuvor war er in das elterliche Geschäft in Stralsund eingetreten und hatte dort damals so revolutionäre Dinge wie Barzahlung und Verkauf zu festen Preisen eingeführt; weitere neun Jahre später sollte er in der Kreuzberger Oranienstraße das erste richtige Warenhaus Deutschlands eröffnen. Alfred Messel, der auch das Gebäude in der Rosenthaler Straße entwarf, schuf damit einen architektonischen Prototypen für diese neue Bau- und Handelsform, dem bald viele nacheiferten: In der Mitte der symmetrischen Fassade befand sich ein repräsentativer Eingang, dahinter der große Lichthof, der sich durch alle Etagen zog, und an dessen Ende eine pompöse Treppe lag, über die die Kunden in die oberen Stockwerke gelangten. Messel gestaltete dann auch die wesentlichen Teile des berühmten Wertheim-Komplexes am Leipziger Platz, des Berliner, ach was: des deutschen Warenhauspalastes schlechthin. Ab 1897 konnte man dort einkaufen, vor allem aber die prunkvolle, geradezu verschwenderische Ausstattung bewundern; selbst der Kaiser ließ sich zu einem Besuch herab. Im Krieg wurde dieser Bau ebenso beschädigt wie der bescheidenere in der Oranienstraße, beide Gebäude später achtlos abgerissen. Das 1903 eröffnete Haus in der Rosenthaler Straße wurde im Innern völlig verändert und zu einem Bürogebäude umgebaut.

Sensibler hat man sich da schon im weiteren Verlauf der Rosenthaler Straße verhalten: In Kriegslücken und auf Kahlschlaggrundstücken wurden in den letzten DDR-Jahren Neubauten mit leicht postmodernen Anklängen errichtet, die eine Abkehr vom primitiven Plattenbaustil zeigen. Über den Rosenthaler Platz, der eigentlich nur eine große Straßenkreuzung an jener Stelle ist, wo noch im 19. Jahrhundert die städtische Zollmauer kreuzte, geht es in den Weinbergsweg. Tatsächlich wurde hier noch im 19. Jahrhundert Wein angebaut und es gab diverse Ausflugsgaststätten, in einer von denen die legendäre

»Mutter Gräbert« ihr Possentheater mit Schmalzstullenverkauf betrieb. Im Gebäude einer anderen richtete sich 1855 die erste Kirche dieser Gegend ein. Von der Kapelle zum prächtigen Sakralbau kam man mit einem Kniff: Man erklärte sein Bauvorhaben kurzerhand zur Votivkirche für das 1861 mißglückte Attentat auf Wilhelm I. Vom Herrscherhaus floß prompt das erhoffte Geld, so daß 1866–73 nach Plänen von Gustav Möller und August Orth der gewaltige Bau mit 1420 Sitzplätzen errichtet werden konnte, den man links kurz vor der nächsten Haltestelle sieht. Zu DDR-Zeiten war die Obrigkeit weniger gut auf die Zionsgemeinde zu sprechen, bot sie doch der »Umweltbibliothek« eine Zuflucht, die sich nicht nur ökologisch, sondern auch pazifistisch bestätigte. Außer durch gewagte Diskussionsveranstaltungen und Stasischikanen geriet die Kirche im Oktober1987 durch einen Skinheadüberfall nach einem Konzept in die Schlagzeilen, dem ein aufsehenserregender Prozeß folgte.

Aus dem Weinbergsweg wird die Kastanienallee, die weiter durch den Prenzlauer-Berg-Kiez führt. Zwischen der Kreuzung mit der Oderberger Straße (viele Galerien und andere Blüten der Subkultur!) und der Schönhauser Allee, befindet sich der »Prater«. Er ist das letzte Überbleibsel der einst in dieser Gegend reichlich vertretenen Ausflugslokale. Als der jetzt dort befindliche Festsaal der Brauerei Pfefferberg 1905 gebaut wurde, waren diese allerdings schon den Mietskasernen gewichen, weshalb es im »Prater« denn auch diverse Kundgebungen und andere Veranstaltungen der Arbeiterbewegung gab. Clara Zetkin, Rosa Luxemburg und August Bebel sollen hier gesprochen, Ernst Busch gesungen haben. Zu DDR-Zeiten war der Prater mit seinem Biergarten und der Freilichtbühne einer der Orte, an dem die zusammengewürfelte Bevölkerung des »Prenzelbergs« in ihrer ganzen Buntheit anzutreffen war. Momentan ist er noch geschlossen, es gibt Streit zwischen der öffentlichen Hand und den neuen Pächtern.

Die Stelle, wo der Zug ein paar Meter weiter in die Schönhauser Allee biegt, dürfte zumindest Ostdeutschen bekannt vorkommen: Jahrzehntelang diente diese große Kreuzung als Blickfang für DEFA-Filme, die »echte Berliner Kiezatmophäre« zeigen sollten, spätestens begonnen mit Gerhard Kleins 1957 gedrehtem Streifen »Berlin – Ecke Schönhauser«. So oft wurde die Hochbahn in den folgenden Jahrzehnten ins Bild gerückt, daß man fast das Gefühl bekam, sie wäre extra für die Filmteams

Eine der berühmtesten Ecken Berlins: Dimitroffstraße/Schönhauser Allee

errichtet worden. Dabei entstand sie aus finstersten kapitalistischen Erwägungen: Die 1913 fertiggestellte Verlängerung der U-Bahn vom Spittelmarkt zum Bahnhof Schönhauser Allee hatte aufgrund der damals noch dichten Bebauung der Innenstadt weit mehr gekostet als veranschlagt. Um das Geld wieder hereinzuholen, beschloß die »Hochbahngesellschaft«, hinter der vor allem Siemens und die Deutsche Bank steckten, den letzten teil der Strecke oberirdisch auszuführen – erstens war die Schönhauser Allee dazu breit genug und zweitens brauchte man sich im Arbeiterquartier Prenzlauer Berg um Anwohnerproteste nicht besonders zu sorgen.

Geradezu legendär ist inzwischen auch der Imbißstand unter der vor kurzem knallgrün gestrichenen Hochbahn. Irgend jemand hat noch zu DDR-Zeiten verbreitet, hier, bei Konnopke, gebe es die besten Currywürste Ost-, womöglich sogar ganz Berlins, und das von frühmorgens bis spät in die Nacht. Eine Einschätzung, über die der Autor und der Lektor dieses Buches bereits in Streit geraten sind.

Einigkeit herrscht dagegen, daß die Schönhauser Allee auch nicht mehr ist, was sie mal war: Als würde sich die Ladenzone häuten, kann man hier sehen, wie die alte Geschäftsstruktur aus HO, Konsum und einigen, meist alteingesessenen, Privatläden verschwindet und sich vor allem viele westliche Ketten breitmachen.

Durch die zumindest vorübergehende Abwanderung der Kundschaft in den Westen und die stetig steigenden Mieten stehen aber auch viele Läden leer. Die quirlige Einkaufsstraße, zu Mauerzeiten eine der beliebtesten und belebtesten Ost-Berlins, in der sich der pralle Hauptstadtalltag viel besser beobachten ließ als in der sterilen Renommierecke unter dem Fernsehturm, ist ein wenig in die Krise geraten.

»Komplexe Rekonstruktion« am Arnimplatz

Am meisten los ist noch immer am Bahnhof Schönhauser Allee, wo die S-Bahn kreuzt und sich eines der wenigen Altbauviertel befindet, die zu DDR-Zeiten nicht per Abrißbirne »saniert« wurden: Linker Hand in die Willi-Bredel-Straße hinein, kann man einen guten Eindruck bekommen von der »komplexen Rekonstruktion«, die 1973 begonnen wurde. Die Häuser brachte man auf Vordermann, allzu eng bebaute Blöcke wurden »entkernt«, die Fassaden bunt gestrichen und ihr Stuck – soweit noch vorhanden – meist auf einige verschlungene Girlanden und Formen linearen Jugendstils reduziert. Inzwischen macht alles wieder einen etwas ungepflegten Eindruck, und auch die Brunnen, die man auf den einstigen Hinterhöfen angelegt hat, sind längst versiegt; vom Arnimplatz gelangt man durch den Torbogen Seelower Straße 7 über einen solchen Blockdurchbruch zurück zum Bahnhof Schönhauser Allee.

Bevor man an diesen Verkehrsknotenpunkt kommt, aber rasch noch ein Blick nach rechts in die Stargarder Straße, wo die Gethsemanekirche steht, inzwischen schon fast legendäres Zentrum des Bürgerprotestes bereits lange vor dem Herbst 89. Und dann die Augen gleich wieder nach links gewandt: Dort ist aus der Stargarder die Gleimstraße geworden, an deren Ecke das »Colosseum« steht. Wo sich heute rund 530 Kinobesucher vergnügen können, standen einstmals 242 Gäule und 50 Wagen der »Großen Berliner Pferde Eisenbahn-AG«, die den Komplex 1894 errichten ließ. 1898 für den elektrischen Betrieb umgebaut, wurde der Hof 1918 stillgelegt. Von dem flachen, ziemlich schäbigen Verwaltungstrakt in der Gleimstraße aus bestimmte die »Bezirksfilmdirektion« später jahrzehntelang das Ostberliner Kinoprogramm.

Wie es mit den östlichen Kinos insgesamt und mit dem Colosseum im Speziellen weitergeht, ist jedoch im Sommer 1992 ebenso offen wie die Zukunft der Straßenbahn in der Schönhauser Allee. Hinter dem, wieder im Tunnel gelegenen, U-Bahn-Endpunkt Vinetastraße rumpelt die Tram auf ein Behelfsgleis: Noch zu DDR-Zeiten war hier mit der Verlängerung der U-Bahn begonnen worden, für die an der Granitzstraße, parallel zur S-Bahn, eine neue Betriebswerkstatt entstehen sollte. Diese ist nach der Wiedervereinigung der Stadt und ihrer Verkehrsbetriebe zwar erst einmal überflüssig geworden. Der Tunnel wird jedoch fertiggestellt, ein Ausbau der U-Bahn bis zur alten Pankower Dorfkirche ist ein alter Wunsch von Senat und BVG. Dann, so haben sich einige Planer ausgedacht, könnte man ja endlich auch die Straßenbahn im Berliner Norden stillegen. Die Fahrgäste aus Buchholz, Niederschönhausen oder Rosenthal sollten mit Bussen zur Breiten Straße fahren und dann unter die Erde klettern. Inzwischen heißt es zwar, nur der Rosenthaler Ast (Linie 22, vgl. Tour 1) solle eingestellt, die beiden anderen via Heinersdorf (vgl. Tour 3) angebunden werden. Aber groteske Umwegfahrten durch ödes Gebiet heben die Attraktivität des öffentlichen Nahverkehrs natürlich ebensowenig wie umständliches Umsteigen.

Wie Opas »Elektrische«

Da für die Pankower U-Bahn aber erst einmal das Geld fehlt, sind mit dem Straßenbelag in der Schönhauser Allee kürzlich auch erst einmal die Tramgleise erneuert worden. In naher Zukunft, so hofft man zumindest bei der BVG, wird dann auch bald die Stromversorgung in Pankow für die neuen »Tatra«-Wagen ausreichend sein. Zusammen mit einigen Strecken in Köpenick ist der Norden momentan nämlich noch das letzte Refugium der »Reko«-Wagen, die das Reichsbahnausbesserungswerk Schöneweide in den sechziger Jahren teils auf alten Fahrgestellen, teils völlig neu montierte. Diese Züge haben durchaus ihre Qualitäten: Mit der Trennung von Fahrgastraum und Plattform zeigen sie noch die traditionelle Innenaufteilung von Straßenbahnwagen, die Holzverkleidung, die metallenen Zierleisten, die Polstersitze, dazu abends das gelbliche Licht lassen sie anheimelnd und wohnlich wirken. Ihr Fahrkomfort ist jedoch haarsträubend: Zweiachsig, mit starren Rahmen und ohne Stoßdämpfer, vermitteln sie einen Eindruck von Opas »Elektrischer«. Es rüttelt, schaukelt und scheppert heftigst, durch enge Kurven wird man ruckweise gestoßen. Auf Grund des extremen Lärms kann man sich kaum unterhalten, und als besonderes Markenzeichen schließen die Türen laut schnarrend.

Hinter der S-Bahn-Unterführung ist man dann direkt im Herzen Pankows. Links der Bahnhof mit seinem 1909–14 nach Ernst Schwartz und Karl Cornelius erbauten Empfangsgebäude, vorne links das Postamt (1924) und gegenüber ein neobarocker, blaßgelb-grauer Bau: 1912 war er nach Plänen von Alexander Beer als Jüdisches Waisenhaus errichtet worden, später wurde die kubanische Botschaft hier einquartiert. Neben und hinter dem mächtigen Haus befindet sich die einstige Zigarettenfabrik Garbaty, in der noch heute Tabakwaren hergestellt werden, davor ein kleiner Garten, einige Villen – ein typisches Pankower Gemisch: Man hat das Gefühl, der sich von Norden ausbreitende Villenvorort und die aus dem Süden heranrückende Großstadt seien hier in ihrem Wachstum aufeinandergeprallt und hätten sich ineinander verkeilt.

Eine »gute Gegend« war das Dorf Pankow im 18. Jahrhundert geworden, als Friedrich II. seine ungeliebte Gattin Elisabeth

Christine hierher, in das Schloß Niederschönhausen, verbannte. Nach und nach ließen sich wohlhabende Berliner Familien hier Sommerhäuser bauen, aus denen später Villen wurden, in denen man ständig und standesgemäß wohnen konnte. Und wenn aus Pankow auch keine so superexklusive Wohngegend wie Grunewald oder Dahlem wurde – ein schmucker Vorort war es doch, zudem neben Friedrichshagen die beste Wohnlage im einstigen Ostsektor. Kein Wunder, daß sich in den fünfziger Jahren die DDR-Oberen aus Politik und Kultur hier ansiedelten, wodurch »Pankoff« – wie Konrad Adenauer es immer nannte – in den fünfziger Jahren für all jene, die die DDR nicht beim Namen nennen wollten, zum Synonym für diesen Staat wurde.

Am Majakowskiring 29 wohnte etwa Staatspräsident Pieck, in Nummer 34 der dichtende Kulturminister Johannes R. Becher (heute Gedenkstätte, Tel. 4 82 61 62/63, Di – Do 9 – 12 + 14 – 17 Uhr) und in Nummer 46 Ministerpräsident Grotewohl (heute Literaturwerkstatt Pankow, Tel. 4 82 47 65). Noch immer nicht besichtigt werden kann dagegen das Schloß, Mitte des 17. Jahrhunderts entstanden, 1704 durch Eosander von Göthe und 1763 durch Boumann d.Ä. erweitert. Bis zu Piecks Tod 1960 seine Residenz, diente der Bau später als Gästehaus der DDR-Regierung. Immerhin kann man, nach längerem Hin und Her mit dem Bund, jetzt an den Sommerwochenenden durch den Lenné gestalteten Park spazieren.

An der alten Pankower Dorfkirche, hinter der das Rathaus liegt, fährt die 49 aber nicht geradeaus zum Schloß, sondern schwenkt in die Breite Straße (zwischenzeitlich »Johannes-R.-Becher-Straße«) ein. Auf der rechten Seite findet sich hier ein kleines Barockhäuschen, bekannt als »Kavaliershaus« oder »Hildebrandtsche Villa«. Zu DDR-Zeiten wurde es als Kindergarten benutzt, durch Umbauten entstellt und schließlich, als es völlig

Verkehrsmitel nach Buchholz. 1904 hatte sie die Gemeinde bis zum Bahnhof Heinersdorf bauen lassen, als eine der letzten Pferdebahnen auf dem späteren Berliner Stadtgebiet; an einer so entlegenen Strecke war keine der großen Gesellschaften interessiert. Erst 1907 gelang es, einen Vertrag mit der »Berliner Elektrischen Straßenbahn-AG« abzuschließen, einer Siemens-Gründung, die inzwischen von der Stadt Berlin erworben worden war. Sie elektrifizierte die Buchholzer Trasse und verband sie mit ihrer bestehenden Linie zwischen Pankow und Wedding.

In Buchholz wenden die Züge um eine kleine Grünanlage mit leider leicht verdrecktem Teich. Daneben die obligate Kirche, ihr aus Feldsteinen errichtetes Hauptschiff stammt aus dem 13. Jahrhundert, Turm und Querschiff aus dem vergangenen. Ein paar Geschäfte sind über den Ort verstreut, einzige gastronomische Konstante ist seit der »Wende« ein Imbißstand. Ein Supermarkt gibt es noch nicht: Die »Einkaufsquelle Meyer«, versteckt hinter großen Bäumen an der Hauptstraße gelegen, ist im Gegenteil ein klassischer »Tante Emma-Laden«, verkauft wird ausschließlich über die Theke.

Wer Lust hat, kann die Hauptstraße noch ein bißchen weiter hinaufgehen und dann durch die Triftstraße, vorbei an Kleingärten, Gewächshäusern und Kornfeldern, zur Bahn zurück. Leidenschaftliche Spaziergänger mögen von hier aus noch nach Rosenthal oder ins noch abgelegenere Blankenfelde wandern, beide ebenfalls noch auf Berliner Boden und zirka vier bzw. drei Kilometer entfernt.

Wer es dagegen bequemer haben will, steigt in den Bus 251, der allerdings nur werktags verkehrt. Schon noch kurzer Fahrt durchquert er weite Felder, die von kleinen Gräben durchzogen werden: Einst wurden hier Berlins Abwässer verrieselt und so landwirtschaftlich nutzbar gemacht. Waldstücke leuchten in der Ferne, Hochspannungsmasten und einzelne Schornsteine bilden in der flachen Landschaft weit sichtbare Markierungspunkte. Hier kann man sehen, mit welchem Pfund die größte Metropole zwischen Paris und Moskau wuchern kann, wie schnell man aus Berlin heraus in noch relativ dünn besiedeltes Land gelangt. Und dabei hat man in diesem Falle die Stadt noch nicht einmal verlassen: Die ganze Bustour bewegt sich innenhalb der Berliner Grenzen, über die Felder und durch die Wälder von Buch, vorbei am über viele Standorte verteilten Klinikum, zum S-Bahnhof, von wo aus man wieder nach Pankow, Schönhauser Allee oder Ostkreuz fahren kann.

Es fragt sich allerdings, wie lange Berlin diese Lebensqualität noch wird bieten können: Schon zu DDR-Zeiten war Buchholz als Standpunkt für eine weitere Trabantenstadt ausersehen, sollten den Ort und seine Felder dasselbe Schicksal ereilen wie es in den Siebzigern Marzahn und seiner Umgebung widerfuhr. Schon wurden am Eisenbahn-Außenring, in Höhe der Bucher Straße, die Vorarbeiten für einen S-Bahnhof ausgeführt, und auch der Senat hat Buchholz fest für neue Wohnsiedlungen im Auge. Die zahlreichen Autohändler, die sich in jüngster Zeit an der B 109 nach dem Vorbild westdeutscher Großstadtränder angesiedelt haben, erscheinen da wie Vorboten: Die Gegenwart macht auch um die leicht morbide Idylle von Buchholz keinen Bogen mehr.

Fahrzeit Linie 49:

34 – 39 Minuten; Bus 251 Buchholz, Kirche – S Buch: 23 – 29 Minuten, verkehrt nur montags bis freitags;
S 8/85/86 Buch – Pankow: 14 Minuten, bis Schönhauser Allee: 19 Minuten, bis Ostkreuz: 32 Minuten.

Subkultur und Schrebergärtnerglück

Linie 71:
Vom Straßenbahn- zum Stasitunnel –
Über den Asphaltschwalben strahlt die goldene Kuppel –
Elendsviertel mit Abrißtradition – Wo Käthe Kollwitz wohnte –
Der Turm ohne Rathaus – Landwarenhaus
und Kulturstätte für Hundefans

In Berlin wird immer gebaut. Bei der Größe der Stadt ist das natürlich eine Banalität. Aber früher wurde sie von den Berlinern mit Stolz verbreitet: Sie zeugte von der Lebendigkeit einer Stadt, die nie fertig wurde, nach dem Krieg auch von dem Selbstbehauptungswillen, dem stetig voranschreitenden Wiederaufbau. Heute dagegen maulen die Hauptstädter vor allem herum, wenn irgendwo mal wieder eine Straße aufgerissen, ganze Häuserblocks neugebaut oder halbe Stadtteile saniert werden: »Is ja wie wenn man auf 'ner Baustelle wohnt.«

Daß die Weidendammer Brücke bis zum Sommer 1994 saniert wird, ist für alle, die Berlin mit der Straßenbahn kennenlernen wollen, allerdings schon ein Grund zum Maulen. Der Senat hat es nämlich nicht für nötig befunden, neben einer Not-

Kult- und Kulturhaus »Tacheles«: Die Ideale sind ruiniert. Rettet die Ruine!

brücke für die Autos auch eine für die Bahn zu errichten, die er in diesem Bereich sowieso stillegen will; jüngsten Versprechungen zufolge soll sie aber doch ab Sommer 93 erst einmal wieder über die Brücke fahren. Bis dahin also keine »Elektrische« in der Friedrichstraße und in der Dorotheenstadt, jener Stadterweiterung, die im 17. Jahrhundert zwischen Spree und den Linden angelegt und nach der Gattin des »Großen Kurfürsten« benannt wurde. Die Dame soll sich damals als äußerst geschäftstüchtig erwiesen haben: Wie berichtet wird, verkaufte sie das Land, das sie von ihrem Gatten geschenkt bekommen hatte, stückchenweise mit erheblichem Gewinn als Baugrund weiter. Die Hauptachse des Viertels, die Dorotheenstraße, trägt heute den Namen Clara Zetkins. Die hier befindliche Endhaltestelle der Straßenbahn ist nicht nur die wohl idyllischste in der Innenstadt, sondern auch eine der ältesten überhaupt: Seit August 1865 diente sie der wenige Wochen zuvor eröffneten ersten Pferdebahn Deutschlands.

Gleich daneben führt zwischen Maxim-Gorki-Theater und Universität eine Rampe in die Erde: Lange Zeit waren die Linden eine regelrechte Barriere im Berliner Straßenbahnnetz. Erst 1894 wurde erlaubt, die Prachtstraße zu überqueren. Gegen Oberleitungen, die allgemein als ästhetisch störend empfunden wurden, sträubte man sich an dieser Stelle länger als anderswo. So mußte, wie auch am Brandenburger Tor, zwischen Universität und Staatsoper mit Akkumulatoren gefahren werden, die sich jedoch – vor allem im Winter – als technisch ebenso unausgereift erwiesen wie die Stromzufuhr über eine unter der Schiene befindlichen Leitung. Im September 1914 begann man daher mit dem Bau eines Straßenbahntunnels, der am 17. Dezember 1916 eröffnet wurde. Sein westlicher Abzweig, der auf den Bebelplatz, früher »Kaiser-Franz-Joseph-Platz« genannt und durch die große Bücherverbrennung am 10. Mai 1933 zu trauriger Berühmtheit gelangt, war nur bis zum September 1923 in Betrieb. Der östliche, »Operntunnel« genannte Arm, der gegenüber Schinkels Neuer Wache aus der Erde kam, soll dagegen bis zum Kriegsende und auch noch einmal 1950/51 befahren worden sein.

Derweil die beiden südlichen Ausgänge verschwunden sind, ist die nördliche Rampe mitsamt der originalen Gitter von 1914/16 erhalten. Die Senatskulturverwaltung will den Tunnel, der noch bis auf die andere Seite der Linden reicht, jetzt sanieren und für »Undergroundkunst im wahrsten Sinne des Wortes« zur Verfügung stellen. Von ihr stammt auch die Auskunft, zu DDR-Zeiten habe das Bauwerk nicht nur als Lager gedient, sondern auch als Zentrale für die Kameraüberwachung der Ost-Berliner City durch die Stasi.

Wo Brecht und Borsig begraben liegen

Erst einmal fährt die 71 aber nicht von hier, sondern vom U-Bahnhof Schwartzkopffstraße (U 6 vier Minuten von Friedrichstraße in Richtung Alt-Tegel) aus. Immerhin kann auch die Chausseestraße mit großen Namen aufwarten: Hier ließ August Borsig 1837 seine ersten Maschinen, ab 1841 Lokomotiven bauen; andere Fabrikanten folgten, die Werksanlagen wuchsen – und bald war diese Gegend zum Zentrum der Berliner Schwerindustrie geworden. Als sie sich in dem inzwischen zur Innenstadt gewordenen Viertel nicht weiter ausbreiten konnte, wanderte sie ab, übrig blieb das Borsigsche Verwaltungsgebäude von 1899 in der Chausseestraße 13. Schräg gegenüber, in Nummer 125, findet sich die letzte Wohn- und Arbeitsstätte von Bertolt Brecht und seiner Frau Helene Weigel. Man kann die

Räume besichtigen, es wird geforscht und gibt Kulturveranstaltungen, außerdem im Erdgeschoß eine Buchhandlung und im Keller ein Restaurant mit Wiener Spezialitäten nach Rezepten der Weigel (Brecht-Zentrum Berlin, Chausseestraße 125, 1040 Berlin, Tel. 2823417, Di – Fr 9 – 15 Uhr; Restaurant Tel. 2823843, Mo – Sa ab 19 Uhr). Auf dem Dorotheenstädtischen Kirchhof gleich nebenan liegen nicht nur Brecht, Weigel und Borsig begraben, sondern auch Hegel, Fichte, Schadow, Schinkel, Eisler, Heinrich Mann, Erich Engel und Anna Seghers, um nur einige zu nennen.

Am Oranienburger Tor, wo noch bis 1868 die Zollmauer verlief, die der »Soldatenkönig« Friedrich Wilhelm I. nicht zuletzt hatte bauen lassen, um militärmüde Truppenangehörige am Desertieren zu hindern, kurz ein Blick nach links: In dem unscheinbaren weißen Gebäude in der Hannoverschen Straße residierte bis 1990 die Ständige Vertretung der BRD; vis-à-vis wohnte, bis zu seiner Ausbürgerung 1976, Wolf Biermann. Weiter geht es durch die Oranienburger Straße trotz ihres Namens – ursprünglich einmal die Hauptverbindung von Berlin nach Spandau war. Die Gegend rundherum, dementsprechend »Spandauer Vorstadt« genannt, ist ziemlich desolat. Doch nicht nur der dekadente Charme des Verfalls als solcher hat sie in letzter Zeit in die Schlagzeilen gebracht: Die Atmosphäre sorgte auch dafür, daß sich hier zahlreiche Künstler angesiedelt haben und durchaus eine Vermischung der alteingesessenen Alternativ- und Subkultur vom Prenzlauer Berg mit jener aus Kreuzberg stattgefunden hat; denn selbst in dem einst mythisch umrankten Westberliner Bezirk werden Atelier- und andere Mieten immer unerschwinglicher. Im Gefolge dessen hat sich eine rege Galerienszene vor allem in der August- und in der Gipsstraße entwickelt, wobei viele der Unternehmungen genauso schnell wieder schließen, wie sie eröffnet wurden.

So etwas wie das Wahrzeichen dieser Szene ist das »Tacheles«, die bizarre Abrißruine der Friedrichstadtpassage. Obwohl verkehrsgünstig gelegen und eine Abkürzung des Weges ermöglichend, wurde die prächtige Anlage mit dem 19 Meter hohen Gang und dem 48 Meter hohen Kuppelraum, der einen Durchmesser von 27,5 Metern hatte, nicht recht angenommen. Die GmbH, zu der sich die einhundert Spezialgeschäfte zusammengeschlossen hatten, ging bald in Konkurs, schließlich übernahm 1928 die AEG den Komplex und betrieb ihn als »Haus der Technik«. Das Gebäude, 1907–09 nach Plänen von Franz Ahrens als einer der ersten großen Stahlbetonbauten in Berlin errichtet, der, wohl ein Novum, am Passagengang ab der Höhe des zweiten Stocks den nackten Beton zeigte, wurde 1944 beschädigt. Doch erst in den späten achtziger Jahren wurde die

Klassenkampf-Schauplatz in den 20er Jahren: der Bülowplatz, heute Rosa-Luxemburg-Platz in Mitte

im großen und ganzen erhaltene Ruine für einen geplanten Straßendurchbruch abgerissen. Mit Mühe und Not – und durch die »Wende« – gelang es, die Reste des Passagenkaufhauses vor der völligen Zerstörung zu bewahren. Neben der Lebenskunst der (Ex-)Besetzer, die hier wohnen, gibt es Kulturveranstaltungen der verschiedensten Art (Oranienburger Straße 53 – 56, O-1040 Berlin, Tel. 2 82 61 85).

Zentrum des jüdischen Lebens

Doch das ist nicht das einzig Bizarre an der Oranienburger: Während im »Tacheles« Subkultur gepflegt wird, haben hier einige renommierte Verlage ihren Sitz, des Abends huschen – wie schon zu Zilles Zeiten – die »Asphalt-Schwalben« über die Gehsteige, deren Kundschaft bei der motorisierten Fleischbeschau schon mal den einen oder anderen Verkehrsstau verursacht, und über allem thront seit kurzem wieder die prachtvolle, goldglänzende Kuppel der Neuen Synagoge.

Das Gotteshaus entstand in den Jahren 1859–66 nach Plänen von Eduard Knoblauch und August Stüler. Sowohl seine Größe (der Hauptraum lag im hinteren Teil des fast hundert Meter tiefen Grundstücks und bot mehr als 3 000 Sitzplätze) als auch seine dominierende Stellung im Straßenraum zeugten von der gesellschaftlichen Emanzipation, die die Juden erreicht hatten, der eine verstärkte Zuwanderung aus Osteuropa folgte. Als 1671, hundert Jahre, nachdem sie wieder einmal aus Brandenburg vertrieben worden waren, der »Große« Kurfürst die Ansiedlung einiger Juden gestattete, war ihnen gleichzeitig verboten worden, ein Gotteshaus zu errichten. Als 1712–14 in der nach dem Zweiten Weltkrieg getilgten Heidereutergasse an der Spandauer Straße eine Synagoge gebaut wurde, durfte diese nicht höher sein als ein einstöckiges Bürgerhaus. Und dann dieser Prachtbau mit seiner fünfzig Meter hohen Kuppel, zu dessen Einweihung der preußische Ministerpräsident Bismarck, der Berliner Polizeipräsident Bernuth und andere Würdenträger von Staat und Stadt erschienen!

Die Synagoge markierte aber auch das Zentrum des jüdischen Lebens in der Stadt. Um sie herum befanden sich (oder entstanden in den folgenden Jahren) unter anderem das Verwaltungsgebäude der Jüdischen Gemeinde, die Hochschule für die Wissenschaft des Judentums, das – erst 1933 eröffnete – Jüdische Museum, die Synagoge der Reformgemeinde, jene der orthodoxen Gemeinde »Addas Jisroel« samt ihrem Rabbinerseminar (es wird heutzutage ja gerne vergessen, daß es auch »die Juden« als homogene Gruppe nicht gibt), das Jüdische Altersheim und der 1672 eröffnete Friedhof.

Die Geschichte der beiden letztgenannten Einrichtungen verdient besondere Erwähnung: Die Große Hamburger Straße, in der sie lagen, wurde einst »große Toleranzstraße« genannt. Jüdische, katholische und protestantische Institutionen befanden sich hier dicht beieinander. Noch heute zeugen davon das St.-Hedwigs-Krankenhaus, 1844 als erstes katholisches Hospital in Berlin entstanden, und die evangelische Sophienkirche mit dem einzigen erhaltenen Barockturm Berlins (1732–34, das Schiff von 1712 und 1792 verändert). Auch von dem 1827 geschlossenen Jüdischen Friedhof ist noch ein Rest vorhanden, das 1828 davor errichtete erste Altersheim der Gemeinde dagegen verschwunden; ab 1941 diente es der Gestapo als Sammelstelle für die Deportationen in die Todeslager. Auch für den Friedhof erdachten die Nazis eine außerordentlich ekelhafte Vorgehensweise: 1943 ließen sie quer durch das zuvor verwüstete Gelände Splittergräben ziehen, stützten diese mit den

Grabsteinen ab und warfen die Überreste der Toten hinaus. Nur einige wenige Steine, die in einer benachbarten Hauswand eingelassen worden waren, sind übriggeblieben, außerdem findet sich heute hier ein Gedenkgrab für Moses Mendelssohn, den großen Philosophen der Aufklärung und Verfechter der Judenemanzipation. Ansonsten hat man das Areal nach dem Krieg zu einem Park umgestaltet, das Denkmal aber erst 1985 aufgestellt.

Die Neue Synagoge wurde dagegen nicht etwa in der berüchtigten Pogromnacht des 9. November 1938 zerstört; der Vorsteher des zuständigen Polizeireviers am Hackeschen Markt verhinderte vielmehr mit dem Hinweis auf den bestehenden Denkmalschutz, daß die SA allzu großen Schaden anrichtete – deutsches Obrigkeitsdenken kann seltsame Blüten treiben. Die Nazigrößen schäumten, und natürlich maßregelte man den »beherzten Reviervorsteher«, wie dieser Wilhelm Krützfeld allgemein heißt, seit der Schriftsteller Heinz Knobloch vor einigen Jahren seine Tat mit einem gleichnamigen Buch bekanntgemacht hat. Aber noch 1939 konnte die Jüdische Gemeinde das Gebäude nutzen, das ab 1940 als Lagerraum mißbraucht und absurderweise erst durch einen alliierten Luftangriff am 22. November 1943 zur Ruine wurde.

Seit 1988 werden Vorderhaus und Vorsynagoge wiederaufgebaut, derweil der Hauptsaal, dessen Reste 1958 gesprengt wurden, vielleicht später einmal neuerstehen soll. In dem Gebäude, dessen Beschädigungen sichtbar bleiben sollen, will die Stiftung »Centrum Judaicum« ein Archiv, eine Bibliothek und ähnliche Kulturstätten errichten, außerdem einen kleinen Gebetssaal.

Ehemaliges Postfuhramt an der Oranienburger/Ecke Tucholskystraße

70

Noch ein anderes, auch kuppelbekröntes Bauwerk verdient in der Oranienburger Straße Beachtung: das Postfuhramt an der Ecke Tucholskystraße. 1875–81 entstanden, konnten hier in den hofseitigen Stallgebäuden über 200 Pferde in zwei Stockwerken untergebracht werden. Weitgehend renoviert, fragt sich manch einer, warum dieses prächtige Haus, dem das alte Berliner Haupttelegrafenamt schräg gegenüberliegt, nicht museal genutzt werden kann: Das ehemalige Reichspostmuseum in der Leipziger Straße, das gerade restauriert wird, ist längst zu klein geworden.

Vom Voigtland zu Franz Biberkopf

Über den Hackeschen Markt, vorbei am Stadtbahnhof von 1882, fährt die Tram dann eine Schleife, um ihren Weg erst durch die Rosenthaler und dann durch die Neue und Alte Schönhauser Straße fortzusetzen. Hier befinden sich die Reste des Scheunenviertels, das in den letzten Jahren überregional in die Schlagzeilen geraten ist, wobei man diesen Begriff nicht selten auch auf Straßen rund um die Oranienburger übertragen hat. Eine Abgrenzung ist auch schwierig, denn in Sachen Elend hat die gesamte Gegend Tradition: Hier lag das Armenviertel »Voigtland«, dessen haarsträubende soziale und hygienische Verhältnisse Bettina von Arnim 1843 in ihrem Werk »Dies Buch gehört dem König« beschrieben hat. Hier ließ der Kammerherr von Wülknitz im Jahre 1820 die ersten Mietskasernen errichten, fünf dreistöckige Häuser mit 400 Stuben ohne Küchen und Klosetts, in denen insgesamt 2 000 – machmal Quellen sprechen sogar von 4 000 – Menschen gelebt haben. Und hier spielte Alfred Döblins »Berlin Alexanderplatz«.

Damals, in den zwanziger Jahren, bot sich dem, der sich in die Mulack- oder in die Steinstraße, in die Schendelgasse oder die Granadierstraße (jetzt »Almstadtstraße«) wagte, eine bizarre Mischung aus Berufsverbrechern, Prostituierten, aus dem Osten geflohenen, oft orthodoxen und fast immer bettelarmen Juden und »normalen« Arbeitern. Nur mit Mühe konnte der von der SED bereits begonnene Abriß des Scheunenviertels im engeren Sinne, rund um die Alte Schönhauser Straße, noch gestoppt werden; ob allerdings, angesichts oft völlig verwickelter Eigentumsverhältnisse, der schon sehr weit fortgeschrittene Verfall noch zu stoppen sein wird, ist fraglich.

Dabei hat diese Gegend auch eine Tradition in Sachen Kahlschlagsanierung, an der alle politischen Systeme der letzten hundert Jahre beteiligt waren: Schon um die Jahrhundertwende plante die Stadt, diesen »Schandfleck« mit seinen engen Gassen und kleinen, oft ungepflegten Häusern zu beseitigen. Soziale Überlegungen spielten dabei kaum eine Rolle; was mit der Bevölkerung geschah, interessierte niemanden. Bis zum Ersten Weltkrieg wurde dann auch die heutige Rosa-Luxemburg-Straße durch das Viertel geschlagen, die U-Bahn angelegt und die Volksbühne gebaut, die der bedeutende Theaterarchitekt Oskar Kaufmann entwarf, deren Äußeres nach dem Krieg aber arg vergröbert wiederhergestellt wurde. Erst in den späten zwanziger Jahren, als es mit der Wirtschaft etwas aufwärts ging, kam es dann zur Bebauung der meisten leergeräumten Flächen; Hans Poelzig, von dem auch das Haus des Rundfunks stammt, entwarf jene eleganten, horizontal gegliederten Putzbauten, in die der Mittelstand einziehen sollte und von denen nicht alle den nächsten Krieg überstanden. Damals wurde auch das »Babylon« gebaut, nach 1945 bedeutendstes Ostberliner Premierenkino und heute ein Filmkunsthaus, das täglich verschiedene Filme zeigt. Die Renovierung des Lichtspieltheaters, das – derzeit noch verbaut – auch über Logen und eine alte Kinoorgel verfügt, läuft gerade erst an.

Die letzte Bauten, zwischen Volksbühne und heutiger Wilhelm-Pieck-Straße, entstanden dann bis Mitte der dreißiger Jahre unter der Ägide des damaligen Stadtbaudirektors Richard Ermisch. Zu jener Zeit war der durch die Sanierung entstandene und heute nach Rosa Luxemburg benannte Bülowplatz längst zum Schauplatz politischer Auseinandersetzungen geworden: 1926 hatte die KPD ihre ihre Parteizentrale in ein Geschäftshaus in der Weydingerstraße verlegt. Dieses »Karl-Liebknecht-Haus« war nun sowohl Ziel linker Demonstrationen als auch rechter Attacken. Schon im Februar 1933, bevor die Nazi-Diktatur vollständig errichtet war, stürmte und verwüstete die SA das Gebäude. Es wurde zur Kultstätte für den von Goebbels zum Mega-Märtyrer aufgebauten Horst Wessel gemacht, der drei Jahre zuvor in der Großen Hamburger Straße zu Tode gekommen war. Auch der Bülowplatz bekam Wessels Namen, der ganze Bezirk Friedrichshain wurde zur »Horst-Wessel-Stadt«. Als die Nazis merkten, daß sie verspielt hatten, sprengten sie die einstige KPD-Zentrale. Nach dem Krieg sehr schnell symbolisch wiederaufgebaut (nicht einmal die alte Form wurde übernommen), dient sie heute als Sitz der PDS.

Nur ein paar Meter weiter residierte in dem 1927/28 errichteten Kaufhaus Jonas während der Nazizeit die »Reichsführung der Hitlerjugend«, von 1946–56 dann das ZK der SED. Die hier 1961 eingerichtete Wilhelm-Pieck-Gedenkstätte kann noch besichtigt werden (Wilhelm-Pieck-Straße 1, O-1040 Berlin, Tel. 2824687, Führungen Mo. – Fr. 9 – 15 Uhr nach Anmeldung). In den Räumen darüber befindet sich das Parteiarchiv der PDS mit seinen wertvollen Beständen zur Geschichte der Arbeiterbewegung sowie der KPD und SED.

Windmühlen am Prenzlauer Berg

An dieser Ecke, wo die öde Betonwüste des in den sechziger Jahren entstandenen »sozialistischen Stadtzentrums« beginnt, biegt die 71 links in die Prenzlauer Allee ab. Hier verläßt die Bahn das Urstromtal, das die abfließenden Schmelzwassermassen nach der letzten Eiszeit gebildet haben, und steuert das Hochplateau des Barnims an, es geht also »einen Berg hinauf«, wie die Berliner sagen. Vor allem Süddeutsche belustigt dieser Sprachgebrauch bei einer Steigung von wenigen Metern immer wieder. Aber im Flachland gelten eben andere Relationen. Einst standen auf den »Bergen« im Nordosten der Stadt sogar Windmühlen, Wein wurde angebaut, und seit dem 18. Jahrhundert soll es hier beliebte Ausflugsgaststätten gegeben haben. Und da der Weg nach Prenzlau, dem Zentrum der Uckermark, über diesen Hügel führte, bekam der den Namen »Prenzlauer Berg«, der Anfang der 1920er Jahre dann auf den gesamten Bezirk übertragen wurde.

Rund siebzig Jahre zuvor war James Hobrecht, dessen wichtigstes Werk das Berliner Kanalisationssystem war (bei dem er durchsetzte, daß die Abwässer nicht in die Spree geleitet, sondern auf Rieselfelder gepumpt wurden), an der Aufstellung eines Bebauungsplan für die wachsende Residenzstadt beteiligt. Obwohl er diesen weder begonnen noch vollendet hatte, bekam der Plan seinen Namen; und obwohl öffentliche Stadtplanung sich damals allerorten auf die Festlegung eines Straßenrasters und einiger Bestimmungen für den Feuerschutz beschränkte (berühmt-berüchtigt ist die Bemessung der Hinterhöfe nach dem Wendekreis der damaligen Feuerspritzen: 28,52 Quadratmeter), machte man Hobrecht später für die Entstehung des »steinernen Berlin«, der »größten Mietskasernenstadt der Welt«, verantwortlich. Deren Struktur hat sich am »Prenzelberg« bis heute ebenso weitgehend erhalten wie die Bebauung, wobei die Anlage vieler Hinterhöfe noch dadurch begünstigt wurde, daß man Areale mit Wohnhäusern bebaute, die ursprünglich für die reine Industrieansiedlung gedacht und dementsprechend großzügig berechnet waren. Am Prenzlauer Berg bediente Hobrecht sich einfach der vorhandenen Struktur der vier radial verlaufenden Chausseen, aus denen er dann Schönhauser Allee, Prenzlauer Allee, Greifswalder Straße und Landsberger Allee machte. Dazu der bestehende »Kommunikationsweg durch die Berliner Feldmark« als Querverbindung (Dimitroffstraße), und dann brauchte man dieses Raster nur noch mit weiteren Straßen auszufüllen.

Dabei ist die Stadt auch hier so schnell gewachsen, daß keine Zeit mehr blieb, repräsentative Standorte für die Kirchen zu sichern. Hinzu kam, daß sich Magistrat und Kirchenbehörden lange Zeit stritten, wer die neuen Sakralbauten denn zu bezahlen hätte. So kam es vor hundert Jahren zu einem regelrechten »Kirchennotstand« in Berlin, die Zionsgemeinde beispielsweise, älteste am Prenzlauer Berg, zählte 1891 rund 110 000 Mitglieder. Wenn dann endlich gebaut wurde, blieb oft nur noch ein Grundstück Wand an Wand mit Wohnhäusern übrig; bei der Immanuelkirche reichte es dagegen immerhin zu einer Straßenecke.

Kunst- wie Architekturinteressierten sei hier durchaus ein Zwischenstopp empfohlen: Wer gegenüber der Kirche die Knaackstraße hinaufläuft, trifft schon an der nächsten Ecke auf die ausgedehnte Wasserversorgungsanlage, die 1855/56 zusammen mit dem ersten Berliner Wasserwerk entstand, das eine britische Firma an der Spree errichtete. 1873–77 wurde der »dünne Hermann«, der schlanke Steigrohrturm, durch den

»dicken Hermann«, den neuen, massiven Wasserturm mit Wohnungen, ergänzt, um die Häuser der Umgebung zu versorgen, die nach dem Deutsch-Französischen Krieg von 1870/71 entstanden waren; nicht zufällig heißen die Straßen hier nach Orten in Elsaß-Lothringen. Bis 1915 war die Anlage in Betrieb. Zu Beginn der Nazizeit dienten ihre Keller und Maschinenhäuser der SA als Folterstätte und Gefängnis.

Rechter Hand, im Hof der Rykestraße 53, befindet sich eine der wenigen Synagogen, die nicht nur den Naziterror überstanden haben, sondern auch die nach dem Krieg grassierende Abrißwut. Das 1903/04 errichtete Gebäude für 2 000 Gläubige wurde schon 1953 neu geweiht. Wer die Knaackstraße weiter geradeaus läuft, gelangt auf den Kollwitzplatz, so benannt, weil die berühmte sozialkritische Künstlerin hier, an der Ecke Knaack- und Kollwitzstraße (früher Weißenburger Straße 25) von 1891 bis zur Zerbombung des Hauses 1943 lebte und arbeitete. Eine Kopie ihrer Großen Muttergruppe erinnert daran, auf dem Platz steht ein 1958 geschaffenes Denkmal von Gustav Seitz. Rundherum findet man massenhaft die – manchmal nicht so sehr touristenfreundliche – Subkultur mit Cafés (am bekanntesten das »Westphal« direkt am Platz), oft ebenso unkonventionellen Galerien, alten Fabriken oder Wohnungen, in denen die eine oder andere Kunstaktion stattfindet oder auch politische Aktivitäten ausgebrütet werden.

Wilhelminisches Freilichtmuseum

Auch die Husemannstraße, die rechter Hand auf den Kollwitzplatz mündet, ist inzwischen weitestgehend von der »Szene« zurückerobert worden. Die DDR-Führung, die die »Prenzelberger« im eng abgesteckten (und natürlich Stasi-überwachten)

Rahmen gewähren ließ, hatte diese typische Mietskasernenstraße zu einer Art Freilichtmuseum ausersehen: Derweil rundherum der Verfall bedrohliche Formen annahm, putzte man die Husemann mit erheblichem finanziellen Aufwand heraus. Mit »Schinkelleuchten« hier, Emailleschildchen da, entstand ganz im nostalgieseligen Zeitgeist der mittachtziger Jahre eine überrestaurierte, zur kitschigen Idylle verklärte Reinszenierung des ausgehenden 19. Jahrhunders. Selbst das kleine »Museum Berliner Arbeiterleben« (Husemannstraße 12, O-1058 Berlin, Tel. 4 48 56 75, Di. – Sa. 10 – 18, Do. nur – 15 Uhr), das sich als Außenstelle des Märkischen Museums inzwischen mit interessanten Ausstellungen auch um die Aufarbeitung der DDR-Massenkultur bemüht, konnte dem nicht viel entgegensetzen. Inzwischen freilich hat der übers Land donnernde Kapitalismus auch in der Husemannstraße, deren nördlicher Teil erst jetzt saniert wird, wieder für normale Verhältnisse gesorgt: Grelle Ladenschilder hängen herum, zeitgemäße Geschäftseinrichtungen haben die alten abgelöst, es gibt ein »Bistro« und eine Handlung für Computertechnik; das schnörkelige Postamt am Kollwitzplatz ist abgewickelt worden.

Aus der Husemannstraße kommt man rechter Hand wieder zur Prenzlauer Allee zurück. Hinter dem Krankenhaus, auf deren rechter Seite breitet sich der »Ernst-Thälmann-Park« aus, eine Wohnanlage mit umgrünten Plattenbauten und einem klobigen Denkmal des Kommunistenführers, die die SED-Führung zur 750-Jahr-Feier Berlins errichten ließ. Im Zusammenhang damit entstand auch das »Zeiss-Großplanetarium« (Prenzlauer Allee 80, O-1055 Berlin, Tel. 4 20 09 16). Neben den üblichen Darstellungen des Himmelsgeschehens gibt es hier auch Musikveranstaltungen, Kleinkunst oder andere Aktivitäten. Das weitläufige Foyer bietet außerdem eine kleine Fachbuchhandlung, ein Café und ein Kino, das allerdings ein gängiges Off-Programm zeigt.

Schräg gegenüber ein ganz anderes Technikdenkmal: Der Ringbahnhof Prenzlauer Allee, 1892 eröffnet und als einer der wenigen seiner Art auch innen hervorragend erhalten. Mit seiner seltsamen Kombination aus Prunksucht (große Bahnsteigtreppe, Kronleuchter) und Sachlichkeit (Klinkerwände) vermittelt er einen guten Eindruck von der Bahnhofskultur vor hundert Jahren.

Die Gegend jenseits der Ringbahn war bis zum Ersten Weltkrieg recht schwach besiedelt worden. So bot sich hier in den zwanziger Jahren viel Raum, um modernen Wohnungsbau zu verwirklichen. Läuft man beispielsweise rechter Hand die Erich-Weinert-Straße hinauf, gelangt man schon bald in die »Wohnstadt Carl Legien«, die 1929/30 nach Plänen von Franz Hillinger und Bruno Taut entstand. Ebenfalls von Taut stammt die Wohnanlage in der Grellstraße, die man allerdings von der Greifswalder Straße aus (vgl. Tour 4) schneller erreicht.

Die Wisbyer Straße, die ebenfalls umsäumt ist mit unterschiedlichsten Versuchen eines »Neuen Bauens« aus den zehner wie zwanziger Jahren, trifft dagegen direkt auf die Prenzlauer Allee. Ein paar Meter weiter, aus der Allee ist die Promenade geworden, liegt die »Brotfabrik« (Prenzlauer Promenade 3, O-1120 Berlin, Tel. 9 65 00 01). Schon zu DDR-Zeiten, als Jugendklub »Spitze«, tat sie sich mit einem ungewöhnlich reichhaltigen und engagierten Kulturprogramm hervor, das weit über die sonst üblichen Disco-Veranstaltungen mit Cola-Ausschank und den einen oder anderen »Zirkel« hinausging. Nach der »Wende« brachte das wahrscheinlich die Rettung in Form einer gewissen Unterstützung von seiten des Bezirksamtes, und man markierte den Wandel zum »Kunst- und Kulturzentrum«, in dem man sich, in Erinnerung an die ursprüngliche Funktion des kleinen Gebäudes, den neuen Namen gab. Heute gibt es hier ein allabendliches Kinoprogramm zwischen elitärem Kunstfilm und unterhaltsamem Trash, Theater, Vorträge und Diskussionsabende, schräge, partyähnliche Veranstaltungen wie etwa eine »Subgalaktische Nacht« unter dem Motto »Wenn wir heute nicht mit den Ausländern zurechtkommen, was fangen wir dann morgen mit den Außerirdischen an?« und ein Café mit dem etwas befremdlichen Namen »Geierwallys Stieftochter im Ausland«; von der Fotogalerie in der einstmaligen Remise mit ihrem anspruchsvollen Programm und der gefährlich steilen Treppe zum Obergeschoß des einstigen Stalls ganz zu schweigen.

Vorbei am Kino »Rio«, das tagsüber nicht nur am Wochenende ein spezielles Kinder- und Jugendprogramm bietet, führt die Prenzlauer Promenade weiter in Richtung Buchholz (vgl. Tour 2) und wird ziemlich rasch zur öden Vorstadtgegend mit Industriegebieten (unter anderem liegt hier ein großes Werk des einstigen Backwarenkombinats) und verwohnten Häusern. Ausge-

Erhalten gebliebene Bahnhofskultur in der Prenzlauer Allee

rechnet hier, noch ein Stückchen die Straße »Am Steinberg« hinauf, wurde 1956 die Ostberliner Kunsthochschule gebaut; die Querstraße, an der sie liegt, hat bis heute keinen Namen, sondern trägt die Nummer 203. Glücklicherweise benutzt die 71 »Am Steinberg« nur, um von der Prenzlauer Promenade zur Berliner Straße zu gelangen. Und das ist eine schöne alte Allee, die durch Kleingärten hindurch direkt nach Heinersdorf führt.

Heinersdorf wollte zu hoch hinaus

Vor dem Ersten Weltkrieg, kurz bevor alle kleinen und großen Umlandgemeinden von Berlin geschluckt wurden, bauten sich viele der Städte und Dörfer noch mehr oder minder pompöse Rathäuser (das von Schöneberg geriet gleich so ausgedehnt, daß das westliche Parlament mitsamt dem Regierenden Bürgermeister dort vierzig Jahre lang Platz fand). Auch das verschlafene Heinersdorf wollte da nicht nachstehen. Offensichtlich hatte sich der Ort, der damals nur tausend Einwohner zählte, aber doch etwas übernommen. Jedenfalls baute man 1910/11 nur jenen 44 Meter hohen grauen Turm, der an jener Stelle steht, wo die Berliner Straße einen Knick macht. Und statt den Ortskern zu markieren, soll er sich zunächst allein auf weiter Flur befunden haben. Womöglich als Wasserturm genutzt (Genaues läßt sich heute nicht mehr feststellen), wurde er dann verändert in einen 1933–36 errichteten Schulbau einbezogen, den der schon weiter oben erwähnte Richard Ermisch entwarf. Während des Krieges von der HJ genutzt und später von den Sowjets, die von hier aus den Flugverkehr Richtung Tegel kontrolliert haben sollen, gehört er jetzt wieder dem Schulamt, das an einen Aussichtspunkt mit Café denkt.

So etwas könnte Heinersdorf durchaus gebrauchen, besondere Sehenswürdigkeiten gibt es dort nämlich sonst nicht. Die meisten richtig alten Häuser sind längst verschwunden, und selbst die Dorfkirche ist im 19. Jahrhundert und in den 1930er Jahren so extrem verändert worden, daß man kaum noch historische Substanz an ihr ausmachen kann. Die Romain-Rolland-Straße, die hier das Ortszentrum durchquert, ist laut, chaotisch und zu eng, die Straßenbahn bleibt im Autostau stecken, obwohl sie an dieser Stelle schon nur eingleisig fährt. Führt die

Straße an der Kirche vorbei in Richtung Weißensee, so muß sie im Heinersdorfer Zentrum auch noch den Verkehr aufnehmen, der von Prenzlauer Berg und Pankow in die nordöstlichen Berliner Dörfer will.

Wer nicht noch die fünfhundert Meter bis zur Endstation mit der 71 fahren will, kann schon hier in die Buslinie 158 umsteigen. Führt sie erst noch durch Kleingärtenkolonien und bescheidene Eigenheimsiedlungen, geht es bald durch freie Felder (auf denen der schon erwähnte Hobrecht ab den 1870er Jahren die Berliner Abwässer verrieseln ließ und so der Landwirtschaft zuführte) nach Blankenburg und Karow. Stärker als Heinersdorf haben diese beiden Ortsteile ihren dörflichen Charakter bewahrt. Besonders idyllisch wirkt Blankenburg mit seinem Dorfanger, auf dem natürlich die Kirche steht – ein wenig veränderter Feldsteinbau aus der Mitte des 13. Jahrhunderts, dessen quadratischer Westturm leider seit einem Brand im Jahre 1939 mit einem ziemlichen plump wirkenden Flachdach abschließt. Der Friedhof drumherum ist ebenfalls mit einer mittelalterlichen Feldsteinmauer umgeben und wird sogar noch benutzt! Gegenüber befindet sich – noch mitten auf Berliner Stadtgebiet – das »Landwarenhaus« des Konsums. Sehenswert sind die vielen eingeschossigen Bauerngehöfte, von denen eines eine besondere Skurrilität beherbergt: das Hundemuseum (Alt-Blankenburg 33, O-1114 Berlin, Tel. 481 39 31, Di., Do., Sa. 15 – 18, So. 11 – 17 Uhr). – Eine Sammlung von 200 000 Exponaten »rund um den Rassehund«, wie sie nur von wahren Liebhabern zusammengetragen werden kann, von der Medaille bis zum Plakat, vom Röntgenbild bis zum Halsband, von der Siegestrophäe bis zum Pullover aus Hundehaar und den verblichenen Lieblingen in ausgestopfter Form.

Hinter dem Blankenburger Dorfzentrum werden die Häuser noch spärlicher, die Felder dafür um so weiter. Auf dem Weg nach Karow überquert die Straße den Eisenbahnaußenring. An der Verlängerung der S-Bahn-Strecke, die bisher in Wartenberg endet, wird bereits gearbeitet; hier, an der Sellheimbrücke, soll ein neuer Bahnhof entstehen. Später soll die Verbindung dann über das Karower Kreuz hinaus bis zur Nordbahn (S 1) verlängert werden – wenn in wohl nicht allzu ferner Zukunft auch Buchholz, Blankenfelde und die anderen Nordberliner Dörfer von Trabantenstädten umgeben sein werden. An der Bucher Straße und in der Nähe der Arkenberge sind vor einigen Jahren bereits, sozusagen »auf Vorrat«, neue Bahnsteige angelegt worden, und in Blankenburg gibt 's bereits mächtig Ärger zwischen dem Senat und jenen Leuten, aus deren Kleingärten er eine »Gartenstadt« machen möchte (generell sind in Berlin alle Leute für massiven Wohnungsbau, nur vor der eigenen Haustür will ihn niemand haben).

Anders als in Blankenburg ist in Karow der Dorfanger weniger ausgeprägt, was den Eindruck eines Straßendorfs nährt. Auch die Kirche steht hier am Straßenrand, besitzt dafür aber an ihrem Feldsteinschiff aus dem 13. Jahrhundert einen verhältnismäßig großen Turm, der 1845 errichtet wurde. Vorbei an weiteren Feldern und Eigenheimsiedlungen geht es dann in Richtung Buch. Gleich hinter der Autobahnbrücke des Berliner Rings beginnen die ersten Plattenbausiedlungen. Seit den frühen siebziger Jahren ist auch hier eine Trabantenstadt entstanden. Buch ist vor allem als Standort der fünf großen Krankenhauskomplexe bekannt, die hier, weitläufig verteilt, seit Ende des 19. Jahrhunderts entstanden. Ludwig Hoffmann, der als Berliner Stadtbaurat zwischen 1896 und 1924 unzählige kommunale Einrichtungen aller Art entwarf und bauen ließ, schuf sie, kurz nachdem

Berlin das einstige Rittergut 1898 gekauft hatte, um auch seine Felder zur Abwasserverrieselung zu nutzen.

Der Bus fährt die stauanfällige Wiltbergstraße bis zum S-Bahnhof hinauf. Man kann allerdings auch an der Haltestelle Alt-Buch aussteigen und in diese Straße einbiegen. Während auf ihrer Südseite Plattenbauten stehen, finden sich nördlich die Reste des Gutes. Dazu gehört die barocke Schloßkirche, die 1731–36 an Stelle der mittelalterlichen Dorfkirche entstand, deren Turm aber leider 1943 zerstört und nicht wieder aufgebaut wurde. Rechts daneben der heutige »Künstlerhof« mit dem charakteristischen Taubenturm. Vormals der Wirtschaftsteil des Gutshofs, saß hier zu DDR-Zeiten das »Büro für architekturbezogene Kunst«; heute im Besitz der Senatskulturverwaltung, bietet es Künstlern für jeweils eine bestimmte Zeit Atelierräume. Zwischen beiden Bauten gelangt man in den Schloßpark, dessen Portal sich in einem erbärmlichen Zustand befindet. Hier fließt die Panke, ein kleiner Bach, der in der Nähe von Bernau entspringt.

Der Bucher Schloßpark reicht bis zur S-Bahn, wer sich links hält, gelangt zum Bahnhof, von wo man in zirka zwanzig Minuten zur Prenzlauer Allee zurückkommt. Wer allerdings das Schloß sucht, kann dies lange tun: Der Barockbau, immerhin eine dreiflügelige Anlage aus dem frühen 18. Jahrhundert, mußte 1964 leider, leider abgerissen werden. – »Aus baulichen Mängeln«, wie so etwas in der SED-Terminologie hieß.

Fahrzeit Linie 71:
32 – 41 Minuten; Bus 158 Heinersdorf,
Kirche – Alt-Buch/Wiltbergstraße: 20 – 23 Minuten;
S 8/85/86 Buch – Prenzlauer Allee: 21 Minuten

natürlich mit
Hans-Beimler-Straße

Vorstädte in Grün und Grau

Linien 63 und 28:

Der verhängnisvolle Bunker – Versteckte Seen – Mut an der Wendeschleife – Ein Straßendorf zwischen Bonzenstrecke und Beton – Bürgermeister Woelcks Gemeindeträume – Berlin stillster Friedhof – Renommiersiedlung auf giftigem Grund (Achtung: abends und sonntags bis 13.28 Uhr verkehrt die Linie 63 erst ab Landsberger Allee/Ecke Petersburger Straße; bis dorthin muß man dann vom Hackeschen Markt mit der Linie 15 fahren!)

Wie viele andere Straßenbahnlinien hat die 63 ihren Ausgangspunkt am Hackeschen Markt (S-Bahn-Linien 3/5/6/9, jeweils eine Station von Alexanderplatz bzw. Friedrichstraße). Mit fast allen gemeinsam geht es zunächst über Rosenthaler, Neue und Alte Schönhauser Straße durch das ehemalige Scheunenviertel zur Wilhelm-Pieck-Straße. Noch immer trägt die frühere Elsäßer bzw. Lothringer Straße den Namen des einstigen SED-Vorsitzenden und DDR-Präsidenten. Auf Vorschläge, sie nach Ernst Lubitsch zu benennen, ist man bisher nicht eingegangen; dabei wurde der wohl bedeutendste Berliner Filmregisseur, der später in Hollywood Streifen wie »Ninotschka« und »Sein oder Nichtsein« dreht, in dieser Straße geboren.

Eine Ecke weiter beginnt die Plattenbaueinöde, die man während der sechziger Jahre mitten in der alten City schuf. Sie hält bis zum Platz der Vereinten Nationen an, der bis 1991 »Leninplatz« hieß. Auch die Landsberger Allee war damals nach dem Bolschewistenführer benannt, sein Denkmal stand seit 1970 auf dem Leninplatz, bis es – ebenfalls 1991 – nach längeren Auseinandersetzungen demontiert wurde; die leere rote Granitfläche ist noch vorhanden. Direkt hinter dem breiten, gestaffelten Hochhaus, das einst die optische Einfassung für das Monument abgab, liegt der Volkspark Friedrichshain. Die Anlage ist heute ein bißchen heruntergekommen. Doch Geschichte und Geschichten hat sie in ebensolchem Umfang wie der Tiergarten zu bieten.

Der Friedrichshain, der dem 1920 geschaffenen Bezirk seinen Namen gab, war der erste Berliner Volkspark. wie hinter so vielen schönen städtebaulichen Ideen steckte der Landschaftsarchitekt Peter Joseph Lenné auch hinter dieser. Nachdem er das Projekt eines Parks – der damals noch vor den Toren lag – lanciert hatte, veranstaltete die Stadtverordnetenversammlung einen Wettbewerb, den schließlich Gustav Meyer, ein Schüler und Assistent Lennés, gewann. Anders als heute üblich, wurden die Pläne des Wettbewerbsgewinners zwischen 1846 und 1848 auch verwirklicht. Für Meyer war dies der Beginn einer Karriere, die ihn bis zum Hofgärtner und ersten Gartenbaudirektor Berlins aufsteigen ließ. Von seinen Werken, zu denen auch der Weddinger Humboldthain und der Treptower Park gehören, ist inzwischen jedoch in der von ihm geschaffenen Form kaum etwas übrig. Auch der Friedrichshain mußte nach 1945 zum großen Teil neuangelegt werden. Während des Zweiten Weltkriegs waren in ihm zwei Flakbunker errichtet worden, die man später sprengte und mit zirka zwei Millionen Kubikmeter Trümmerschutt bedeckte. Zwei Berge von 48 bzw. 78 Meter Höhe entstanden. Übrig blieb allerdings ein geheimnisvolles Gängesystem unter dem Park, das wohl von den Nazis angelegt und später von der Stasi weiter benutzt und noch erweitert worden ist. Im Mai 1945 hat es möglicherweise eine verheerende Rolle für die Berliner Museen erlangt: In einem der Bunker waren Tausende wertvoller Stücke fast aller Staatlichen Sammlungen zum Schutz vor Luftangriffen eingelagert worden. Am Vormittag des 2. Mai 1945, als der Krieg in Berlin zu Ende ging, hatte die Rote Armee auch diesen Flakturm eingenommen. eine Wache wurde aufgestellt, doch zwischen dem 4. und dem 6. Mai brannte ein Stockwerk des Kunstdepots vollständig aus. Der größte aller Kriegsschäden, qualitativ wie quantitativ, entstand aber erst, als durch einen weiteren Brand und diverse Explosionen zwischen dem 14. und 18. Mai auch noch die beiden oberen Etagen völlig verwüstet wurden. Allgemein wurden diese Anschläge marodierenden »Werwolf«-Trupps zugeschrieben, die den Kampf immer noch nicht aufgeben und vor allem die Kunstschätze nicht in die Hände der »Untermenschen« fallen lassen wollten.

Aber wie wenig die sowjetischen Stellen von der herausragenden Bedeutung dieses Kunstdepots zunächst gewußt haben mögen, muß ihnen diese spätestens nach dem ersten Anschlag bekannt gewesen sein. Warum wurde der Bunker Friedrichshain dann nach dem ersten Brand nicht besser gesichert? Selbst das exakte Datum des zweiten Anschlags scheint nicht bekannt zu sein.

Aber wer weiß: Auch der angeblich verschollene Goldschatz des Priamos soll sich ja inzwischen in Moskau wieder angefunden haben . . .

Ein Brunnen für arme Kinder

Unweit des Platzes der UN befindet sich noch ein anderer geschichtsträchtiger Ort: Hier wurden jene revoltierenden Berliner beigesetzt, die in den Barrikadenkämpfen des März 1848 gestorben waren, und denen König Friedrich Wilhelm IV. am 19. des gleichen Monats die Ehre erweisen mußte. Wie wir wissen, triumphierte der Monarch, auf den einst so viele Liberale ihre Hoffnungen gesetzt hatten, am Ende. Daß damit die notwendigen Reformen wieder einmal verschleppt wurden, mag mit dafür gesorgt haben, daß gut sechzig Jahre später die SPD hart kämpfen mußte, um in der Stadtverordnetenversammlung den Märchenbrunnen durchzubekommen. Wie es heißt, sollte er den Kindern im armen, überbevölkerten Berliner Osten etwas Freude bringen. Außerordentlich beliebt – auch bei den Erwachsenen – ist die repräsentative Anlage, die der Stadtbaurat Ludwig Hoffmann entwarf, bis heute. Im Sommer 1992 sind die Wasserkaskaden, die sich in der Nordwestecke des Parks, nahe der Greifswalder Straße, befinden, jedoch trocken – »wegen baulicher Mängel«, wie es heißt.

Pausenloses Amüsement gibt es dafür – gegen Bares – im »SEZ«, dem Sport- und Erholungszentrum an der Ecke Dimitroffstraße (Landsberger Allee 77, O-1017 Berlin, Tel. 42 28 30). Ganz ohne einen der sonst üblichen Anlässe wie Parteitag, Republikgeburtstag oder ähnliches – oder erinnern wir uns bloß nicht mehr daran? – wollte die DDR-Führung ihrer Bevölkerung mal etwas Gutes tun und schenkte ihr Anfang der achtziger Jahre dieses Freizeitparadies, das eine Schwimmhalle und ein Freibad, eine Sporthalle und Fitneßräume, eine Rollschuhbahn, die im Winter für Schlittschuhe umgerüstet werden kann, Bowlingbahnen, Cafés und noch diverses mehr bietet.

Selbst die Architektur ist für ostdeutsche Verhältnisse unkonventionell, um so mehr, wenn man sie im harten Kontrast zu den gegenübergelegenen Exemplaren der ersten DDR-Plattenbaugeneration aus den Sechzigern sieht.

Kurz vor dem Ringbahnhof Landsberger Allee, den die Straßenbahn über eine erst kürzlich fertiggestellte Brücke passiert, durchquert sie das Gelände des einstigen, 1881 eröffneten zentralen Schlachthofs. Dahinter begann Berlin noch vor zwanzig Jahren »auszufransen«: Kleingärten, einige Industriegebiete, ein paar Vorstadtsiedlungen folgten, und regelrechte Kolonien, die allein auf weiter Flur zwischen Rieselfeldern, Obstanbaugebieten und Brachland angelegt worden waren – in Richtung Westen war die Metropole, gemessen vom alten Stadtzentrum auf der Spreeinsel aus, weit stärker gewachsen als nach Osten. Nach dem Zweiten Weltkrieg begann dann hier der massive Neubau.

Davon zeugen in der Oderbruchstraße, in die die Bahn nun einbiegt, linker Hand die Altneubauzeilen aus der Zeit um 1960, rechts breiten sich dagegen zirka zehn Jahre später errichtete Plattenbauten von einer Primitivität aus, die kaum noch zu überbieten ist. Erst nach dem Krieg wurde hier auch der Volkspark Prenzlauer Berg angelegt, hart an der Grenze dieses Bezirkes. Das Denkmal der paramilitärischen »Kampfgruppen der Arbeiterklasse«, die nach dem 17. Juni 1953 gebildet worden waren, ist nach der »Wende« fast unbemerkt beseitigt worden. Nur die große Treppenanlage blieb übrig.

Das andere Hohenschönhausen

An der Kreuzung des Weißenseer Wegs, der zwischenzeitlich »Ho-Chi-Minh-Straße« hieß, beginnt seit der wundersamen Zellteilung der Ostberliner Bezirke nicht mehr Weißensee, sondern Hohenschönhausen. Mit diesem Namen verbinden die meisten Berliner inzwischen die in den achtziger Jahren entstandene Trabantenstadt. Doch bis man dort ankommt, ist erst noch die endlos lange Konrad-Wolf-Straße hinter sich zu bringen, benannt nach dem wohl wichtigsten Regisseur der DDR (»Sterne«, »Ich war neunzehn«, »Solo Sunny«), der 1982 starb. Bis dahin war dies eine der zahllosen »Berliner Straßen«, von denen es, trotz forcierter Umbenennung nach 1945 in Ost wie West, heute immer noch acht Stück gibt.

Links breitet sich, gleich ab dem Weißenseer Weg, das »Sportforum Berlin« mit seinen Anlagen für unterschiedlichste Sportarten aus; bis zum Ende der SED gehörte es dem Stasi-Sportklub Dynamo. Dann folgt ein großes Friedhofsgelände, derweil sich rechts Wohnhäuser entlangziehen. Wilhelmsberg heißt diese Gegend, die immer noch tristen Vorstadtcharme ausstrahlt. Dabei gibt es hier sogar eine Galerie und ein Kino (als Erbe der DDR-Kulturpolitik, die solche Einrichtungen zumindest in der Hauptstadt recht regelmäßig verteilte), und rund um die baumbestandene Einmüdung der Degnerstraße haben sich einst sogar Ansätze für eine Villenkolonie entwickelt. Kein Wunder: Durch die Waldowstraße gelangt man zum Obersee, den ein kleiner Park umgibt, gleich daneben liegt der ebenso idyllische Orankesee, der ein richtiges Freibad hat.

Kurz hinter der Haltestelle Degnerstraße ist mit dem melancholischen Vorstadtgrau Schluß: Die Bahn biegt in die Hauptstraße ein (diese einfallsreiche Straßenbezeichnung gibt es nur noch siebenmal). Von dem dörflichen Zentrum Hohenschönhausens ist allerdings nur noch die Kirche geblieben, die in ihren ältesten Teilen aus dem 13. Jahrhundert stammt. Ihr Turm wurde im Krieg beschädigt und dann abgetragen, die sie nun umrankenden Hochhausklötze errichtete man um 1980. Vorbei an der hinter zwei Torhäuschen gelegenen »Kleinhaussiedlung«, die 1926/27 nach einem Entwurf von Bruno Taut angelegt wurde, nimmt die Bahn dann Kurs aus das große Neubaugebiet rund um die Falkenberger Chaussee.

Nördlich und südlich dieser Ausfallstraße entstanden hier zwischen 1982 und 1987 auf 139 Hektar 14 000 Wohnungen für 42 000 Menschen (das gesamte »Stadterweiterungsgebiet« ist auf 100 000 Zuzügler angelegt). Die Straßenbahn, die seit Jahrzehnten bis zur alten Gartenstadt Hohenschönhausen in Höhe des 1984 eröffneten S-Bahnhofs Gehrenseestraße fuhr, wurde im gleichen Jahr in die Trabantenstadt verlängert. Am Prerower Platz, der Kreuzung mit der Falkenberger Chaussee, liegt das – zumindest nach Absicht der Stadtplaner – Hauptzentrum der Neubausiedlung. Die Tram befährt von hier aus die extrem breite Zingster Straße.

Die Plattenbauten sind in Hohenschönhausen ein wenig freundlicher ausgefallen als in Marzahn, zurückhaltender mit ihren dominierenden Rot- und Grautönen, auch bemühte man sich stärker, der traditionellen Blockbebauung zu entsprechen, was jedoch nicht konsequent durchgehalten wurde. Die Probleme, die Senat und Bezirk sowohl mit den Häusern als auch mit den zunehmend frustrierten Bewohnern haben, sind hier aber auch nicht geringer: Die Arbeitslosigkeit ist hoch, die Mieten sind es bald ebenso, die Bauten darüber hinaus zumindest »nachbesserungsbedürftig«, und die Infrastruktur ist, vor allem was das Freizeitangebot angeht, schwach. Da schmieren verwirrte Geister schon mal »Deutschland für uns Deutschen!« an eine Straßenbahnwartehalle, unterstreichen damit eine frappierende Übereinstimmung zwischen ihrer Sprach- und Denkfähigkeit, oder überfallen das Ausländerwohnheim. Im Angesicht dessen an der gegenüberliegenden Wendeschleife ein China-Restaurant zu eröffnen, zeugt schon von besonderem Mut.

In Hohenschönhausen zeigten sich auch die Vorboten der Katastrophe, die kurz darauf Hellersdorf ereilen sollte: Während die SED-Bürokratie dort kaum noch mehr vermochte, als die Betonklötze auf die grüne Wiese zu stellen und eine funktionierende Infrastruktur bis heute weitestgehend fehlt, blieben in Hohenschönhausen »nur« das Kino am Prerower Platz und der Erholungspark rund um den Malchower See unbebaut. Letzteres hat immerhin gewisse Vorteile: Wer an der Endhaltestelle aussteigt, wo die Trabantenstadt, wie üblich, übergangslos in die freie Landschaft mündet, sollte sich links der bisherigen Fahrtrichtung halten. Gleich hinter den Hochhäusern findet sich dort die beschauliche Nilessiedlung, und wer an der ersten Quer-

Der Antonplatz in Weißensee

straße rechts einbiegt, gelangt zu der Wildwuchslandschaft, die sich rund um den Malchower See erhalten hat.

An ihrem entgegengesetzten Ende liegt bewußtes Malchow, ein Straßendorf, bei dem gerade seine Ödnis einen recht guten Eindruck davon vermittelt, wie es noch bis vor zehn, fünfzehn Jahren im gesamten Berliner Nordosten ausgesehen hat. Der Konsum hat hier zu-, dafür eine neumodisch gestylte Fleischerei aufgemacht. Die Dorfkirche ist noch 1945 von der Wehrmacht zerstört worden, es gibt eine Post, eine winzige Feuerwache und das alte, jetzt von der Humboldt-Uni genutzte Gutshaus, sowie, nicht zu vergessen, zwei Bushaltestellen. Von ihnen kann man mit dem 259er entweder eine Tour über die zwischen weiten Feldern gelegenen, (noch) völlig unberührt wirkenden Dörfer Lindenberg und Schwanebeck machen, die schließlich in Berlins nördlichsten Ortsteil Buch am dortigen S-Bahnhof endet. Oder man fährt direkt nach Weißensee.

Sensationelles Grün

Wer zur Zingster Straße zurückkehren will oder erst gar keinen Abstecher nach Malchow gemacht hat, gelangt mit der 28 wieder zum Hackeschen Markt. Am Prerower Platz trennt sie sich diese Linie jedoch von der Strecke der 63 und biegt rechts in die Hansastraße ein. Im Rahmen der großzügigen Erweiterung des überörtlichen Straßennetzes zu und zwischen den Neubaugebieten, ist auch sie ausgebaut worden. Ebenso ist die Straßenbahntrasse neu, hinter der Haltestelle Malchower Weg hat man sogar, eine Sensation für Berlin, ein bißchen Grün zwischen Schienen und Fahrdamm angepflanzt, wodurch gleich alles freundlicher wirkt. Am Stadion Buschallee zweigt die alte Falkenberger Straße rechts ab, die Hansastraße ist als Weißenseer

Der Weiße See

Ortsumgehung erst vor kurzem bis zur Indira-Gandhi-Straße durchgeschlagen worden.

Die Buschallee wird gesäumt von Bauten der zwanziger Jahre, darunter, auf der rechten Seite, auch wieder welche von Bruno Taut, der zu jener Handvoll Architekten gehörte, die zwischen 1924 und 1931 in Berlin Dutzende Wohnanlagen, teils ganze Siedlungen, auf hohem architektonischen Niveau schufen. Doch das ist lange her: Statt ocker, dunkelrot und graugrün bzw. weiß zeigen sich die Häuser in der Buschallee heute in einem schmutzigen, an vielen Stellen auch schon abgeplatzten Rauhverputz; an den Fassaden ist teilweise erheblich herumgemurkst worden, die Dachgeschosse wurden ausgebaut, neben den bestehenden Loggien haben viele Mieter ihre Balkone zu solchen umgewandelt; alles wirkt renovierungsbedürftig und vermittelt nur noch einen vagen Eindruck von der einstigen Konzeption Tauts, der als der »Meister des farbigen Bauens« gilt.

An der nächsten Ecke muß man sich dann entscheiden: Entweder fährt man mit der Straßenbahn die Berliner Allee hinunter, und zwar im wahrsten Sinne des Wortes: Die Straße, die lange nach dem tschechischen Stalinisten Klement Gottwald benannt war, fällt sanft ab. Sie ist das lebendige Zentrum Weißensees, in dem sich ein Geschäft an das andere reiht; am Antonplatz gibt es sogar ein Kino. Da sie früher Teil der »Protokollstrecke« zur SED-Elitesiedlung Wandlitz war, sind die Hausfassaden von Malchow über Weißensee bis hinunter ins »sozialistische Stadtzentrum« rund um den Alexanderplatz recht gut in Schuß. Wie es heißt, hat man hier aber teilweise, in guter alter potemkinscher Manier, nur das Äußere auf Hochglanz gebracht.

Taut-Häuser in der Buschallee

Vorsicht vor der Fontäne!

Am fast kreisrunden Weißen See lohnt es sich aber auch, auszusteigen. Im Sommer kann man hier – gegen Eintritt – baden, es gibt mehrere Cafés, einen Rosengarten, ein Wildgehege und einen Bootsverleih. Nutzt man diesen, muß man allerdings darauf achten, nicht der Fontäne in die Quere zu kommen, die dafür sorgt, daß das zuflußlose Gewässer nicht umkippt. Ist man entgegen dem Uhrzeigersinn um den See gelaufen, und am »Milchhäuschen«, dem Café im schönsten Fünfziger-Jahre-Stil, abgebogen, trifft man direkt auf eine 1930/31 erbaute Schule, die geradezu ein Musterbeispiel für die Neue Sachlichkeit abgibt.

An ihr vorbei, stößt man der nächsten Kreuzung der Amalienstraße auf ein außergewöhnliches Bauensemle: Vor dem Ersten Weltkrieg, als Weißensee noch eigenständig war, hatte sein Bürgermeister Woelck von einem »Gemeindeforum« rund um den Kreuzpfuhl geträumt. Zwischen Woelckpromenade und Schönstraße erstrecken sich zunächst Erweiterungsbauten, die 1925–28 entstanden, und bei denen der Architekt Joseph Tiedemann unübersehbar Bezug auf historische Vorbilder wie das Holländische Viertel in Potsdam genommen hat. Mit dem großen Schulgebäude am Kreuzpfuhl beginnt dann die ursprüngliche Anlage, die bis 1912 unter dem Architekten Carl James Bühring entstand. Linker Hand befindet sich eine Zeile mit Wohnbauten, die durch das einstige Ledigenwohnheim an der Ecke Pistoriusstraße abgeschlossen wird. Diesem schräg gegenüber ein Entwässerungspumpwerk, in dem auch eine Bibliothek untergebracht ist. Ein ebenfalls entstandenes Turnhallen- und Festsaalgebäude ist im Krieg zerstört, das ganze Ensemble nie richtig fertig geworden. Dennoch stellt es ein beeindruckendes Beispiel von Kleinstadtplanung und sozial ambitioniertem Wohnungsbau dar.

Durch die Tassostraße gelangt man zur Berliner Allee zurück. Wer sie nur überquert, kommt in die Mahlerstraße. An ihrem Ende, in der Puccinistraße 10 – 14, befindet sich noch der erste für den »Kraftomnibus« errichtete Betriebshof, der 1913 für die ABOAG entstand. 1926 umgebaut, wurde er 1963 stillgelegt.

Linker Hand mündet die Puccinistraße auf die Herbert-Baum-Straße. Nicht zufällig ist diese nach einem 1942 hingerichteten Widerstandskämpfer benannt, der nicht nur Kommunist, sondern auch jüdischer Herkunft war: Sie führt direkt zu dem mit vierzig Hektar wohl größten jüdischen Friedhof Europas, der zugleich eine der größten Begräbnisstätten Berlins ist. 1880 angelegt, wurden hier zahllose Persönlichkeiten beigesetzt, die im Wirtschafts- und Geistesleben der aufblühenden Reichshauptstadt Rang und Namen hatten: der Verleger Rudolf Mosse (»Berliner Tageblatt«) und sein langjähriger Chefredakteur Theodor Wolff, der Maler Lesser Ury und der Verleger Samuel Fischer, der Warenhausgründer Adolf Jandorf und der Politiker Max Hirsch. Nicht nur an dieser Aufzählung, die sich beliebig mit Wissenschaftlern, Künstlern, Geschäftsleuten und Politikern fortsetzen ließe, ist der Aufstieg (und die gleichzeitige Assimilation) der preußischen Juden im 19. Jahrhundert zu erkennen. Man kann dies buchstäblich auch sehen, denn wer das nötige Geld besaß, scherte sich nicht mehr besonders um jüdische Begräbnistraditionen und versuchte mit pompösen Mausoleen seine gesellschaftliche Stellung über den Tod hinaus zu dokumentieren – ganz so wie die Christen es damals, im prunksüchtigen Wilhelminismus, liebten. In besonders gutem Zustand befinden sich viele der großen wie der kleinen Grabmäler jedoch nicht: Nur noch für wenige hundert der 115 000 Stellen soll es Pflegeaufträge geben – es ist meist einfach niemand mehr da, der sich hier um Verwandte oder auch nur entfernte Vorfahren sorgen könnte. Berlins wohl stillster und einsamster Friedhof ist so auch ein riesiges Denkmal für einen unwiederbringlich vernichteten Teil des Lebens der Stadt.

Wo Weißensee kurz hinter dem Antonplatz endet, beginnt die Greifswalder Straße und auf ihrer Linken auch wieder eine besonders klobige Bebauung, die in den Siebzigern errichtet wurde – bis dahin war der Ort durch Kleingärten ziemlich deutlich vom Berliner Stadtkern separiert. Unmittelbar vor der Ringbahn zweigt rechts die Grellstraße ab, wo sich eine weitere wichtige Wohnanlage Bruno Tauts ausbreitet. Sie wurde 1927/28 errichtet und befindet sich, abgesehen vom Kopfbau (Protokollstrecke!) in einem – sagen wir: bedenklichen Zustand.

Jenseits des Ringbahnhofs, der bis kurz nach dem Krieg »Weißensee« hieß und anschließend »Greifswalder Straße«, dann ein Beispiel für eine ganz andere Art von Wohnungsbau: Auf dem Gelände eines ehemaligen Gaswerks, das noch bis 1981 in Betrieb war, wurde ab Mitte der achtziger Jahre der »Ernst-Thälmann-Park« angelegt, ein von viel Grün und diversen Kultureinrichtungen umgebener Plattenbaukomplex mit über 1300 Wohnungen. Die hohen Herrschaften, die hier – wie gesagt – allmorgendlich und allabendlich zwischen ihre gut abgeschirmten Wandlitzer Kleinbügerhäuschen und ihren Arbeitsstellen in Berlin vorbeirauschten, wollten sich auch mal etwas gönnen. Und so legten sie nicht nur, als Erfolgsbeweis ihrer genialen Politik, dieses Ensemble an, sondern versahen es an der Greifswalder Straße auch mit einem Denkmal des vielverklärten Kommunistenführers der Weimarer Republik.

Thälmann aus dem Baukasten

Wie es heißt, soll Erich Honecker persönlich den sowjetischen Bildhauer Lew Kerbel für diese verantwortungsvolle Aufgabe ausgewählt haben, da man allen einheimischen Künstlern ihre Bewältigung nicht zutraute. Kerbel schuf dann allerdings ein Denkmal, das fast schon eine Parodie seiner selbst ist, auf so einfallslose und plumpe Weise wurden hier jene Elemente zusammengeklatscht, aus denen – fast baukastengleich – nahezu alle kommunistischen Monumente zwischen Havanna und Wladiwostok bestehen: wehende Fahne, geballte Faust, überlebensgroßer Kopf mit starr in die glückliche, von der Sonne des Kommunismus beschienene Zukunft gerichtetem Blick.

Seit der überdimensionale Lenin (wehende Fahne, am Revers geballte Faust, starr in die glückliche, von der Sonne des Kommunismus beschienene Zukunft gerichteter Blick) demontiert wurde, ist das Thälmann-Denkmal eines der liebsten Streitobjekte in der Frage »Abräumen? Verändern? Erhalten?«. Dabei hatte es an dieser Stelle schon vor Baubeginn des jetzigen Komplexes für DDR-Verhältnisse recht massive Proteste gegen Abrißpläne gegeben. Die alten, denkmalwerten Gasometer wurden dann aber doch in die Luft gejagt, schließlich mußte das Renommierprojekt Thälmannpark rechtzeitig zum 750-Jahr-Feier-Trubel fertig sein. Daß man das Erdreich alter Gaswerksgelände fast immer austauschen muß, wurde dabei geflissentlich übersehen, so daß die von der Partei beglückten Wohnungssuchenden nun auf verseuchtem Boden leben und dessen kostspieliger Austausch dem einstigen Klassenfeind ins Geld geht.

Die Greifswalder Straße geht bis zum Platz am Königstor, an dem die Bartholomäuskirche steht. Seinen Namen verdankt er

»Rot Front!« an der Greifswalder Straße – Thälmann läßt grüßen

dem Kurfürsten Friedrich III.: Nachdem dieser sich 1701 in Königsberg selbst zum ersten Preußenkönig gekrönt und sich zu Friedrich I. gemacht hatte, zog er an dieser Stelle wieder in seine Residenz ein. Hier lugt auch der weiter oben bereits erwähnte Märchenbrunnen im Friedrichshain durch die Bäume. Eine bestimmte Gruppe von Berlinern freilich hielt sich hier zumindest zu DDR-Zeiten nicht nur wegen des Brunnens gerne auf: Ähnlich wie der Tiergarten im Westteil der Stadt war der Friedrichshain des nachts Treffpunkt einsamer schwuler Herzen (oder auch anderer Körperteile). Inzwischen soll diesbezüglich jedoch, nicht zuletzt auf Grund zahlreicher Überfälle, eine gewisse Flaute eingetreten sein.

Mit der Greifswalder Straße endet dann auch der Kiez. Die Hans-Beimler-Straße (früher, aus genannten Gründen, »Neue Königstraße«) beginnt, und mit ihr das »sozialistische Stadtzentrum« der sechziger Jahre, von wo aus die 28 dann den gleichen Weg zum Hackeschen Markt wie die 63 nimmt.

Fahrzeit Linie 63:
38 – 43 Minuten; Bus 259 Malchow,
Post – S Buch: 16 – 19 Minuten;
S 8/85/86 Buch – Ostkreuz: 32 Minuten;
Linie 28: 31 – 36 Minuten.

Seite 88: Bonjour Tristesse – Plattenbauidylle in Marzahn

Plattenbauparadiese

Linien 18/10/6:
Wo vor dem großen Tor die Laterne stand – Der Touristen-Alex – Lenins produktives Denkmal – Neue Mietskasernen? – Verwirrungen um ein Straßendorf – Wo es nichts gibt

Dies ist *die* Tour für Plattenbaufans und all jene, die am Wohnungsbau der letzten dreißig DDR-Jahre interessiert sind, aber auch an der Art, wie in Berlin neue Straßenbahnstrecken trassiert wurden. Dabei durchquert die Linie 18 zunächst einige der ältesten erhaltenen Stadtviertel Berlins.

Ihr Ausgangspunkt ist der U-Bahnhof Schwartzkopffstraße, mit der U 6 fünf Minuten von der Station Friedrichstraße in Richtung Alt-Tegel entfernt. Den Namen des Industriellen, der vor rund 150 Jahren in dieser Gegend, wie auch Borsig, Pflug oder Wöhlert, Maschinen und Lokomotiven bauen ließ, trägt der Bahnhof erst wieder seit 1991. Zuvor hieß er zwanzig Jahre lang »Stadion der Weltjugend«, davor zwei Dekaden lang »Walter-Ulbricht-Stadion«. Gleich an der Straßenbahnhaltestelle befand sich denn auch der Haupteingang zu bewußter Arena. 1951 war sie für die »Weltfestspiele der Jugend und Studenten« errichtet worden, mit 70 000 Plätzen das größte Stadion Ost-Berlins. Nicht nur, hinsichtlich der Massenaufmärsche und Formationsbilder bei »Spartakiaden« oder FDJ-Treffen war seine

Existenz eng mit dem Militärischen verbunden: Die Ränge des Stadions hatte man aus damals überreichlich vorhandenen Trümmern aufgeschüttet, auf dem Gelände hatte zuvor eine Kaserne gestanden. Diese gab es auch schon während des Ersten Weltkriegs, und 1914 schrieb der junge Soldat Hans Leip in ihr den Text eines Liedes, das dann zu dem Schlager des nächsten Kriegs werden sollte: »Lili Marleen«. Ein Senator brachte denn auch kürzlich die Idee auf, die Olympiahalle, die hier an Stelle des im Sommer 1992 abgerissenen Stadions entstehen soll, nach dem Lied zu benennen; eingedenk seiner etwas zwiespältigen Geschichte und Legende hat man davon jedoch schnell wieder Abstand genommen. Auch in Berlin wird eben oft erst geredet und dann gedacht.

Die Bahn biegt jedoch in die andere Richtung der Ivalidenstraße ein, wo sie zunächst das Areal des ehemaligen Stettiner Bahnhofs passiert, einstmals größter und beliebtester Berliner Fernbahnhof, da die Hauptstädter ihre Ferien – so sie sich denn eine Reise leisten konnten – damals bevorzugt an der nahen Ostsee verbrachten. 1950, als niemand mehr daran denken sollte, daß Stettin einmal deutsch war, noch in »Nordbahnhof« umgetauft, wurde die Station zwei Jahre später mit allen anderen Kopfbahnhöfen geschlossen und Anfang der Sechziger abgerissen. Nur das um die Jahrhundertwende errichtete Gebäude des Vorortbahnhofs und der von Lüttich entworfene Eingang des 1936 eröffneten S-Bahnhofs sind erhalten geblieben.

Markthallen fürs Weltniveau

Einige Meter weiter überquert die Bahn den Pappelplatz mit dem schönen Geldzählerbrunnen, der in dieser ärmlichen, heute vom Verfall geprägten gegend ganz unpassend wirkt. Um Pekuniäres geht es auch in der nahen Ackerhalle. Sie ist eine der drei erhaltenen von einstmals vierzehn Markthallen, die 1886–92 von der Stadt eröffnet wurden. Schon länger hatte man sich damals bemüht, das einer »Weltstadt« für unwürdig befundene Markttreiben (das außerdem den Verkehr behinderte!) in Gebäude zu verbannen. Dort erhoffte man sich auch eine bessere Kontrolle der Preise wie der hygenischen Verhältnisse. Zunächst huldigte man jedoch dem Prinzip des privaten Unternehmertums. Erst nachdem sich die erste, 1868 eröffnete Markthalle – der spätere Friedrichstadtpalast – nicht zuletzt wegen der überhöhten Standmieten als Flop erwiesen hatte, reifte die Erkenntnis, daß diese Angelegenheit in öffentliche Hände gehörte. Die Umsetzung zog sich dann aber noch so lange hin, daß den Markthallen nur ein mäßiger Erfolg beschieden war: Der Einzelhandel hatte sich inzwischen vom Markt in die Ladengeschäfte zu verlagern begonnen und mit den bald darauf eröffneten Warenhauspalästen konnten die preußisch-sparsam gestalteten Hallen sowieso nicht mithalten. Heute sind die Stahlkonstruktionen, sämtliche Entwürfe des damaligen Stadtbaurats Hermann Blankenstein, allerdings wunderbare Zeugnisse der beginnenden Moderne wie auch des beginnenden Massenkonsums. Zwar wird die frisch restaurierte Ackerhalle heute als Supermarkt genutzt. Doch so abträglich dies der Atmosphäre ist, so zuträglich ist es dem Architekturgenuß, der hier nicht durch jene Buden behindert wird, die in den anderen Markthallen längst die Stände abgelöst haben.

Noch nicht restauriert ist dagegen leider die Elisabethkirche auf der anderen Straßenseite. Die Kriegsruine der größten von vier Kirchen, die Karl Friedrich Schinkel 1832–34 für die nördlichen Vorstädte Berlins entwarf, ist im Gegenteil gerade erst gegen weiteren Verfall gesichert worden, ein späterer Wiederaufbau vorgesehen.

Profaneres dann wieder an der Ecke Brunnenstraße: Das Eckhaus mit der vertikalen Fassadengliederung und dem kleinen Türmchen ist einer der wenigen Warenhausbauten, die in Berlin Krieg und Abrißwut überstanden haben. 1903–04 für Adolf Jandorf errichtet, der die »Bilkas« der damaligen Zeit betrieb (und wohlweislich das KaDeWe nicht unter seinem Namen eröffnete), gelangte es 1926 an den Tietz-Konzern (Hertie) und beherbergte nach dem Krieg das » Mode-Institut der DDR«, das jetzt als GmbH weitermacht.

Durch die Brunnenstraße geht es zum Rosenthaler Platz.

Hier, die Wilhelm-Pieck-Straße entlang, verlief bis 1868 die Berliner Zollmauer. Daß auf dieser Trasse nach längerer Unterbrechung seit den sechziger Jahren wieder eine Straßenbahn fährt, ist das Ergebnis jener massiven Umgestaltung des historischen Berliner Stadtzentrums, die einer völligen Verwüstung gleichkommt. Das Ergebnis kann man ab der Ecke Prenzlauer Allee sehen.

In den sechziger Jahren beschloß die SED, das noch immer stark vom Krieg gezeichnete Stadtzentrum repräsentativ herzurichten. Dem stalinistischen »Zuckerbäckerstil« hatte man längst abgeschworen, jetzt war das vom Großen Vorsitzenden Walter Ulbricht propagierte »Weltniveau« angesagt. Das hieß: Wir zeigen dem Westen, daß wir seine Städtebauideologie nicht nur genauso gut, sondern besser in die Wirklichkeit umsetzen können. Und damit hatte die SED durchaus recht: Großartige Umgestaltungspläne hatte es in nahezu allen kriegszerstörten Städten des In- und Auslandes gegeben. Doch weder in London noch in Hamburg noch in West-Berlin ließen sie sich, soweit es die Stadtzentren anbetraf, in die Tat umsetzen: Es fehlte der Zugriff auf den Boden, der selbst bei einer Enteignung viel zu teuer gekommen wäre. So wurde die übriggebliebene Bebauung größtenteils einfach wieder komplettiert, die Lücken gefüllt, und zwar entlang der alten Baufluchten, meist auch in der alten Dimensionen, sowohl was die Ausbreitung der Häuser anbetraf als auch ihre Höhe – rund um die Gedächtniskirche kann man es sehen.

Der Osten baut, wie 's der Westen will

Im Osten jedoch konnte man mit dem Boden soviel prassen wie man wollte, und so nahm die Katastrophe ihren Lauf: Erst einmal machte man Tabula rasa, beseitigte die übriggebliebenen und inzwischen wieder aufgebauten Häuser und mit ihnen die gesamte, seit dem Mittelalter kaum veränderte Struktur aus Straßen und Plätzen, um die sich zahllose Geschichten, Sagen und historische Ereignisse rankten. Auf die leergeräumte Fläche, die einmal Berlins Altstadt war, klotzte man dann überdimensionierte Betongebirge in einer gesichtslosen 08/15-Architektur, locker gruppiert um riesige Freiräume, die so gewaltige Ausmaße und oft so unregelmäßige Formen annahmen, daß man sie kaum noch voneinander abgrenzen und von »Straßen« und »Plätzen« sprechen konnte. Ein bißchen Grün dazwischen, ein paar historische Erinnerungsstücke, die – anders als das abgeräumte Gouverneurshaus aus dem 18. Jahrhundert an der Jüden-/Ecke Rathausstraße – nicht allzusehr störten, hinter die Schauseiten ausgedehnte Parkplätze, und fertig war das neue, »sozialistische« Stadtzentrum. Natürlich gab es da auch eine Fußgängerzone, derweil man die ihren Autos entstiegenen Wesen ansonsten als Verkehrshindernis in Tunnel verbannte. Anders als für gewöhnlich im Westen sind diese rund um den Alexanderplatz jedoch nicht nur rolltreppen-, sondern auch ladenlos, wodurch sie noch trostloser wirken; und abends traut sich durch die einsamen Gänge kaum noch jemand.

Aber abends oder am Wochenende will sowieso niemand in diese kahle, konturlos zerfließende Betonwüste, die »Alexanderplatz« heißt; abgesehen von jenen Touristen, die schon zu Mauerzeiten zwischen Brandenburger Tor und Fernsehturm hin- und herrannten und dann dachten, sie hätten Ost-Berlin gesehen; und dies auch denken sollten, denn wie sich in den umliegenden alten Stadtteilen immer rasanter der Verfall ausbreitete, diente natürlich kaum der internationalen Reputation, auf die die DDR angesichts zwanzigjähriger Nichtanerkennung bis zum Schluß so erpicht war.

Die weitläufige Struktur des Wiederaufbaus, die enorme Platzverschwendung sollten aber nicht nur die Leistungsfähigkeit des »real existierenden Sozialismus« demonstrieren, sondern auch dessen unzureichendes Einzelhandelsangebot und seine Engpässe in den Baukapazitäten kaschieren, die eine dichtere Bebauung, zumal beim seinerzeitigen Stand der Plattenbautechnologie, wohl gar nicht zugelassen hätten; da kam die damals vorherrschende Städtebaudoktrin gerade recht. Diese verlangte natürlich auch, die Straßenbahn verschwinden zu lassen: Mit Beginn des Jahres 1966 wurde ihr Verkehr über den Alexanderplatz eingestellt und über die Wilhelm-Pieck- und Mollstraße in großem Bogen um das schöne neue Stadtzentrum herumgeleitet – was der Westen konnte, konnte man schon lange, oder zumindest wollte man so tun, als könne man es.

Dabei ist die Hans-Beimler-Straße gut und gerne achtzig Meter breit, mit riesigen Bürgersteigen, auf denen kaum ein Mensch läuft, und natürlich ohne begrünten Mittelstreifen, der die graue Einöde zwar ein bißchen mildern könnte, aber bei den zahlreich veranstalteten Aufmärschen nur gestört hätte. Platz für eine Tramtrasse wäre da mehr als genug, auch auf dem Alexanderplatz, wo man dann nicht mehr – wie jetzt vom Bus – lange Umsteigewege zu den S- und U-Bahn-Steigen zurücklegen müßte. In der Senatsplanung wird eine solche Verlängerung auch als vordringlich erachtet, vorbei an dem vertikal gegliederten Verwaltungsgebäude des Karstadt-Konzerns mit seinem unfertigen Turm (Philip Schäfer 1931), das später als Ostberliner Polizeipräsidium diente.

Die Hans-Beimler-Straße passiert man als zweite Querstraße, nachdem man in den »Mollknoten« eingefahren ist, wie diese Strecke im Straßenbahnerjargon heißt. Zur Zeit verzweigen sich

Feldverweis für Lenin am »Platz der Vereinten Nationen«

hier zehn Straßenbahnlinien, wozu die Trasse teilweise fünfgleisig angelegt wurde. Dazu für die Autos zehnspurig ausgebaut, von schuhkartonartigen, locker verstreuten Zweckbauten umstellt, die zu SED-Zeiten von spärlicher Leuchtschrift bekrönt wurden (eben »Weltnivau«!), vermittelt einem die Mollstraße die ganze Trostlosigkeit moderner Stadtplanung.

Bis zum einstigen Leninplatz zieht sich diese bessere Schlafstadt inmitten der City. Kurz bevor die Mollstraße auf die jetzt »Platz der Vereinten Nationen« genannte Freifläche stößt, steht in einer Kurve ein Punkthochhaus, das mit seinen braunen Platten deutlich zu einer anderen Zeit entstanden ist als die Bauten der Umgebung: In den Achtzigern, als ihr die Unwirtlichkeit und immense Platzverschwendung des allzu weitläufigen Wiederaufbaus selbst aufgefallen sein muß, versuchte die SED mit solchen Zusatzbauten wenigstens die optische Illusion einer geschlossenen Bauflucht wiederherzustellen.

Lenin weist auf Hertie

Am einstigen Leninplatz, wo die bis in die sechziger Jahre auf den Alex zulaufende Landsberger Allee nun endet, wurde 1971 natürlich auch ein großes Denkmal des russischen Revolutionärs aufgestellt. Mehr als die Gestaltung des roten Granitklotzes, die der der meisten kommunistischen Denkmäler seit der Stalinzeit glich, ist seine Entstehungsgeschichte interessant: Der Architekt Hermann Henselmann, geistiger Vater des Fernsehturms und oft gescholten als »Erbauer der Stalinallee« (von der er in Wirklichkeit nur einzelne Abschnitte entwarf), war nicht nur für die Neubauplanung rund um das Denkmal verantwortlich; er hatte auch ein, wie er es nannte, »produktives« Lenin-Monument entworfen: Eine Bibliothek in Form einer sich spiralförmig aufrollenden, steil ansteigenden Fahne. Das Hochhaus dahinter sollte in der Höhe nicht drei-, sondern siebenfach gestuft sein. Doch auch den treuen Genossen Henselmann, der über Jahrzehnte jede ideologische Verrenkung seiner Partei mitgemacht hatte, ereilte die Ignoranz der Bürokraten. So blieb es dem sowjetischen Bildhauer Nikolai Tomski überlassen, jenes Denkmal zu modellieren, dessen Demontage sich zwanzig Jahre später nicht nur langwieriger und teurer als erwartet gestaltete; sie wurde auch begleitet von aufgeregten Diskussionen zwischen jenen, die die SED-Denkmäler erhalten, und jenen, die diese bestenfalls noch im Museum sehen wollen. Unzweifelhaft richtig war und ist jedoch die Feststellung, daß das Lenin-Denkmal zum Schluß schon seinen Charakter verändert hatte: Statt in die glorreiche Zukunft des Kommunismus wies es mit seiner pathetischen Geste nun nämlich direkt auf die gegenüberliegende Hertie-Kaufhalle.

Nachdem die Bahn den Volkspark Friedrichshain, einige Altbauten und Friedhöfe passiert hat, trifft sie rund um die Ecke Petersburger Straße wieder auf Plattenbauten der frühesten (und primitivsten) Art: Schlichte Schuhkartons, die neben dieser Form noch immer unfehlbar an ihrer hellen Keramikverkleidung zu erkennen sind. Nicht nur das 1981 eröffnete »Sport- und Erholungszentrum« gegenüber wirkt im Vergleich dazu schon fast wie ambitionierte Architektur. Auch das Viertel rund um den Anton-Saefkow-Platz, das die Bahn bald nach der Überquerung der Ringbahn erreicht, hebt sich davon deutlich ab. Seit 1970 entstand hier eine der noch erträglicheren Neubausiedlungen, angeordnet um ein Einkaufszentrum – natürlich Fußgängerzone –, zu dem auch ein kleines Warenhaus gehört. Gleich daneben breitet sich der Fennpfuhl aus, dessen grüne Umgebung der Naherholung dient. Hier gibt es Restaurants, man kann baden oder auch ein Boot mieten. Doch selbst die relative Idylle trügt: Alle der 15 000 Wohnungen sind nach Angaben der zuständigen Wohnungsbaugesellschaft sanierungsreif.

Hinter der Kreuzung Weißenseer Weg (zwischenzeitlich »Ho-Chi-Minh-Straße«) wird die Gegend dann bald ziemlich unwirtlich: Rund um die Herzbergstraße erstreckt sich das ausgedehnte Lichtenberger Industriegebiet, zwischen neueren und älteren Fabrik- und Verwaltungsbauten steht dabei immer wieder auch das eine oder andere Wohnhaus.

An der Siegfriedstraße bogen einst alle Züge ab: Auf halbem Weg zum S-, U- und Fernbahnhof befindet sich dort der 1913 errichtete Straßenbahnhof, der einem Zeitgenossen damals als »die größte Straßenbahnhofsanlage des Festlandes und wohl auch der ganzen Welt« galt. »Fünfhundert große Wagen« fanden Platz in der 106 Meter breiten und 196 Meter langen Halle mit ihren 26 Gleisen, zu denen noch drei in Montage- und Lackierräumen kamen. Nachdem sie schon um die Jahrhundertwende acht neue Betriebshöfe errichtet hatte, sah sich die Große Berliner Straßenbahn-AG bereits zehn Jahre später gezwungen, noch vier weitere zu bauen, »janz weit draußen«, an der damaligen Peripherie der Stadt. Dabei dachte man durchaus daran, daß sich Berlin möglicherweise noch weiter ausdehnen würde: Erstmals baute man deshalb statt massiver Wände in Eisenfachwerk, was nicht nur billiger kam, sondern auch hoffen ließ, bei einer eventuell notwendigen Verlegung der Anlage die Teile einfach wiederverwenden zu können.

Die 18 fährt jedoch nicht in die Siegfriedstraße, sondern weiter geradeaus, und schwenkt, wo die Herzbergstraße endet, auf eine eigene Trasse ein, die quer durchs Grüne führt. Hier liegt das Krankenhaus Herzberge, 1889–92 nach Plänen des Berliner Stadtbaurats Hermann Blankenstein als städtische Heilanstalt für psychisch Kranke errichtet. »Dem Geisteslicht zum Schutze, gemeinem Wohl zum Nutze« wird denn auch knittelversig über dem Haupteingang des imposanten Baus gereimt, um den die Bahn einen angemessenen Bogen macht.

Noch vor zwanzig Jahren war dahinter dann Berlin praktisch zu Ende. Es folgten nur noch ein paar Kleingärten, verstreute Eigenheimsiedlungen und diverse kleine Dörfer, die die Stadt Berlin meist im 19. Jahrhundert mit den sie umgebenden Feldern erworben hatte, um dort ihre duftenden Abwässer verrieseln zu lassen.

Jetzt beginnt hier, hinter der öden Kreuzung mit der Rhinstraße, erst einmal das neunzig Hektar große »Arbeitsstättengebiet«, das parallel zum Wohnungsbau angelegt wurde. Architekturinteressierten sei ein Abstecher mit den Straßenbahnlinien empfohlen, die rechter Hand gen Süden die Rhinstraße hinunterfahren: Nach neun Minuten am U-Bahnhof Tierpark ausgestiegen und ein kleines Stück die Sewanstraße (zuvor »Hans-Loch-Straße«) hinaufgelaufen, trifft man auf die ersten deutschen Plattenbauten. Die kleine Anlage an Splanemann- und Friedenhorster Straße entstand 1925/26 für den Reichsverband der Kriegsbeschädigten nach Plänen von Martin Wagner, ganz im Sinne seiner Bestrebungen nach einer Rationalisierung des Wohnungsbaus. Wichtiger noch als die Bauten, die er entwarf, war freilich Wagners Wirken als Stadtbaurat zwischen 1926 und '33, als er Berlins großen Plätzen eine weltstädtische Struktur zu geben versuchte und gleichzeitig wesentlich verantwortlich war für die Entstehung der berühmten Großsiedlungen jener Jahre (denen freilich, nicht nur in Wagners Wunschträumen, der Totalabriß der Berliner Innenstadt folgen sollte).

Die 18 setzt ihren Weg über die Allee der Kosmonauten fort, vorbei am Heizkraftwerk mit Müllverbrennungsanlage, das zwischen 1972 und '85 mit den großen Neubaugebieten, die es hauptsächlich versorgt, wuchs. Die Tram befährt nun die erste große Neubaustrecke, die – nach zahlreichen Stillegungen auch in Ost-Berlin – am 6. April 1979 eröffnet worden war. Zwar war auch die Trasse am Krankenhaus Herzberge vorbei und dann die Rhinstraße hinauf erst 1975 eingeweiht worden; sie bildete jedoch nur einen Ersatz für die stillgelegten Gleise in der Straße Alt-Friedrichsfelde. Von der Brücke über eine Güterbahn hat man einen wundervollen Blick auf die scheinbar aus dem Nichts ragenden Fünfundzwanzigstöcker am S-Bahnhof Springpfuhl. Hier, rund um den Helene-Weigel-Platz, den man nach wenigen Minuten erreicht, begann 1976 der großangelegte Neubau. Gleichzeitig entstand das erste der diversen Stadtteilzentren, mit Schwimmhalle und Kaufhaus, Läden und Lokalen, einem 320-Plätze-Kino und dem Rathaus, des 1979 aus Teilen Lichtenbergs und Weißensees gebildeten Bezirks Marzahn.

Stadtfeindlicher Städtebau

An dieser Ansammlung kultureller und kommerzieller Bauten wird aber auch schon die Städtebauideologie deutlich, der man in Marzahn (und all den anderen großen Neubaugebieten des Ostens) gefolgt ist und die vielen diese Trabantenstadt unerträglich macht: Einkaufszentren solcher aus aller Welt sattsam bekannten Art führen mit ihrer Konzentration des Handels und Handelns zur Verödung der Wohnstraßen. Diese ist freilich von den Architekten gewollt, man hat sie lange Zeit ebensowenig als Problem erkannt wie die Monofunktionalität fast aller Bauten. Dabei sorgt gerade sie dafür, daß ein Gebilde wie Marzahn niemals ein so lebendiges Viertel werden wird wie die vielgeschmähten Stadterweiterungen des 19. Jahrhunderts, ob sie

Krankenhaus Herzberge

nun Charlottenburg, Kreuzberg oder Prenzlauer Berg heißen. Marzahn wird nicht einmal richtig Stadt werden, sondern immer ein wabeliger Siedlungsbrei an der Peripherie bleiben, ist es doch die Ausgeburt einer stadtfeindlichen Architektur und Stadtplanung, die nicht klar umrissene Straßen und Plätze will, nicht eine überschaubare Grundstruktur und ihre chaotische Ausfüllung, nicht die Enge, Ballung, das Durcheinander der Nutzungen und der Gebäude, was alles »Stadt« überhaupt erst ausmacht.

Hier sind Hochhäuser auf die grüne Wiese gestellt worden nach Kriterien, die sich einem bestenfalls am Reißbrett erschließen, hier ist alles ordentlich geplant und aufgeteilt, jedes Ding, jede Funktion hat ihren Platz, unabänderlich. Da gibt es keine Läden, in die vielleicht morgen eine Galerie einziehen könnte oder eine schräge Kneipe, keine ausgedehnten Fabriketagen, in denen man Skulpturen ebenso machen kann wie Jugendarbeit, Architektenbüros ebenso unterkommen können wie Wohngemeinschaften. Die Monotonie der Nutzungen und des sozialen Gefüges entspricht der Monotonie der endlos langen, endlos gleichförmigen und dabei noch bedrückend hohen Häuser, die nicht einmal durch die im Westen oft anzutreffenden »roten, gelben, grünen, blauen Balkons« voneinander zu unterscheiden sind. Monolithisch stehen sie kreuz und quer in einem zerklüfteten Gelände, dessen Konturen formlos zerfließen, bei dessen Gestaltung man die vielgeforderte »Auflockerung« bis hin zu jener zugigen, unwirtlichen Ödnis übertrieb, die nicht befreiend wirkt, sondern im Gegenteil einschüchternd, da sie ebenso monumental und ohne jedes menschliche Maß ist wie die in Höhe wie Breite überdimensionierten Häuser. Alles erdrückende Betonklötze, deren dominierende Farbe noch dazu Grau ist, pervertieren sie das aus der drangvollen Enge des frühkapitalistischen Wohnungsbaus geborene Leitbild der Gartenstadt, eines Wohnens im Grünen, in »Licht, Luft und Sonne«, wie ein oft bemühtes Schlagwort lautete: Als in West-Berlin in den sechziger Jahren das Märkische Viertel entstand, hatte der größte Betonklotz mit seiner gigantischen Länge von 350 Metern schnell den Spitznamen »Langer Jammer« weg; gegen die Häuserzeilen von Marzahn, die ihre gigantischen Ausmaße nur schwerlich durch mehrfache Biegungen kaschieren können, ist er freilich ein Hänfling.

Dabei ist das vielleicht Schlimmste an Marzahn: Es entstand erst, als sich in München-Neuperlach und Nürnberg-Langwasser, in Main-Frankfurts Nordweststadt und West-Berlins Gropiusstadt längst die Folgen dieser Art von Wohnungsbau gezeigt hatten. Vor den dortigen sozialen Auswirkungen glaubte sich die SED allerdings gefeit: Tatsächlich waren ihre Neubaugebiete ja auch keine Siedlung, in die man von der Kahlschlagsanierung vertriebene Menschen aus oft ärmsten Vierteln versetzte. Eine Neubauwohnung zu bekommen, zumal in Berlin, war vielmehr zu DDR-Zeiten ein Privileg, in dessen Genuß man oft nur auf Zuteilung seiner Dienststelle oder seines Betriebs kam. Und wenn die Häuser auch nicht den Standard westlicher Sozialbauten erreichten, brachten sie den meisten Menschen doch eine deutliche Komfortverbesserung gegenüber jenen Bruchbuden, in denen sie vorher gewohnt hatten und zu deren Erhaltung oft seit dem Krieg nichts Wesentliches mehr getan worden war. Dementsprechend ist die Bevölkerung von Marzahn, Hellersdorf und Hohenschönhausen nicht nur extrem jung – man heiratete schließlich und bekam Kinder auch, um eine Wohnung zu erhalten; diese Rechnung des Staates ging auf –, sondern auch überdurchschnittlich gut ausgebildet.

Inzwischen jedoch bedroht gerade diese »gehobene« Sozialstruktur die Stabilität der Stadtteile: Denn all die Ökonomen und Diplom-Philosophen, die Polizisten, Ministerialbeamten, Kunsthistoriker und Kaderleiter sind von der Arbeitslosigkeit im frisch vereinten Deutschland noch viel stärker betroffen als etwa Fabrikarbeiter oder Handwerker. Hinzu kommt eine von vornherein unzureichende und inzwischen noch weiter abgebaute Infrastruktur, die schon der überdurchschnittlich hohen Zahl von Kindern und Jugendlichen keine ausreichenden Freizeitangebote machen, geschweige denn die psychischen und ökonomischen Probleme plötzlich arbeitsloser Mittdreißiger berücksichtigen kann. So machen sich erste Anzeichen von Verwahrlosung breit: hier ein Sperrmüllhaufen auf der Straße, dort eine zerstörte Telephonzelle oder ein ramponierter Hauseingang. Setzten sich diese Tendenzen fort, steht zu befürchten, daß bald nur noch jene hier wohnen werden, die sich nichts anderes leisten können, und die Trabantenstädte am Rande Berlin ebenso verslumen werden, wie es rund um Paris schon geschehen ist.

Parallelbankrott

Wie sich hier die Probleme eines gescheiterten Gesellschaftssystem und einer gescheiterten Städtebauideologie treffen und potenzieren, hat freilich auch eine gewisse Logik. Es ist nicht unberechtigt, wenn die SED Marzahn und die anderen Neubaugebiete immer die »sozialistischen Stadtbezirke« nannte, weshalb sie denn ja auch flugs, unter mehrfachem Hin- und Herschieben von Grenzen, aus jeder Trabantenstadt gleich eine eigenständige Verwaltungseinheit machte. Nicht nur, daß es mannigfaltige Verbindungen zwischen politischer Linker und moderner Stadtplanungsideologie gab, bis hin zu führenden Architekten, die sich zumindest in den zwanziger Jahren ganz explizit zu sozialistischen oder kommunistischen Ideen bekannten; im Bankrott des Marxismus wie der Moderne, die beide Kinder des Industriezeitalters waren, erleben wir auch das Scheitern eines übersteigerten Glaubens an den Rationalismus, die schöne Vorstellung, man müsse nur alles ganz ordentlich und umfassend planen, dann sei das Glück der Menschheit unausweichlich. Doch so, wie die einen im Ergebnis nur eine besonders hinterhältige Form der Ausbeutung produzierten, so schufen die anderen nichts weiter als neue Mietskasernen, natürlich nicht auf dem Niveau des 19. Jahrhunderts, aber der »reale Sozialismus« mußte sich ja auch nicht am finsteren Manchesterkapitalismus messen lassen (was sein Pech war). In beiden Fällen führte der Versuch einer radikalen Veränderung, die Vorstellung, man müsse einfach nur in das dem Vorhandenen entgegengesetzte Extrem fallen, nur zur totalen Zerrüttung, hier der Wirtschaft, dort der Stadt. Wir, die wir uns in den frühen neunziger Jahren immer besorgter fragen, wohin unsere Zivilisation treibt, können in all dem freilich auch akute Fälle von menschlicher Selbstüberschätzung erkennen.

Da man alles so schön neu machen wollte, hat man natürlich auch in Marzahn nur wenig Rücksicht auf die vorhandenen Strukturen genommen: An der mehrmals abgeknickten Allee der Kosmonauten, einer der Haupterschließungsstraßen, stehen die neuen Elfgeschosser über weite Strecken den Kleingärten und meist recht bescheidenen Eigenheimen der alten Stadtrandsiedlung Biesdorf-Nord gegenüber. Kurz bevor man wieder die Landsberger Allee kreuzt, sieht man linker Hand eine Kirche zwischen vielen kleinen Häusern stehen. Dies ist Alt-Marzahn, der noch erhaltene Kern des einstigen Dorfes, das sich bis in die siebziger Jahre unseres Jahrhunderts kaum entwickelt hatte: 1920, bei der Eingemeindung, sollen in der ganzen Gegend nur 750 Menschen gelebt haben. Bis 1982 führte die Bundesstraße 1/5 rund um den langgestreckten Dorfanger, um dann direkt vor der Kirche (August Stüler 1870/71) nach Norden abzuknicken. Die schmale Gasse ist noch erkennbar, die Fernstraße hat man allerdings auf eine neue Trasse verlegt und das so verkehrsberuhigte Dorf restauriert. Dabei ist die Beruhigung vielleicht etwas zu total ausgefallen: Kaum ein Marzahner verirrt sich aus seinen Neubauten hierher, ein bißchen Leben gibt es nur in dem kurzen Stück zwischen Kirche und Allee der Kosmonauten, in dem auch das Büro des hiesigen – per Direktmandat gewählten! – Bundestagsabgeordneten Gregor Gysi liegt. Auch das erst kürzlich in einem der Gehöfte aus dem 19. Jahrhundert eröffnete »Berliner Dorfmuseum« (Alt-Marzahn 31, O-1140 Berlin, Tel. 5 41 02 31, Mi. – Fr. 10 – 17.30, Sa .+ So. 11 – 18 Uhr) hat bisher kein reges Treiben in den alten Ortskern gebracht. Für die Senatsplaner, die nun verzweifelt versuchen, die östlichen Trabantenstädte vor dem Umkippen zu bewahren und markante Bezugs- und Identifikationspunkte zu schaffen, hat der alte Dorfkern freilich eine zentrale Bedeutung; vielleicht würde es ja schon helfen, wenn der Marzahner Krug wieder bewirtschaftet würde?

An der Haltestelle Alt-Marzahn hat man die Wahl: Entweder man steigt gleich in die 10 um, oder man fährt mit der 18 erst einmal weiter bis zur Endschleife Ahrensfelde. Um diesen Ortsnamen gibt es in Berlin seit längerem Verwirrung: Da der entsprechende Bahnhof (inzwischen Endpunkt der Marzahner S-Bahn-Linie 7) auf Berliner Gebiet liegt, glauben viele, Ahrensfelde gehöre zur Hauptstadt; selbst die BVG zeichnet es auf ihren

Dorfanger in Alt-Marzahn

Übersichtskarten falsch ein. Das hat insofern eine gewisse Berechtigung, als die Ecke, in der die Wendeschleife der Straßenbahn liegt, früher Teil von Ahrensfelde war und erst Ende der achtziger Jahre zu Berlin kam – stillschweigend, da bis dato auch die DDR akzeptiert hatte, daß die Grenzen Groß-Berlins wegen des Viermächtestatus nicht verändert werden durften. Erst mit der deutschen Vereinigung und der Neubildung des Landes Brandenburg wurde die Eingemeindung dann richtig offiziell. Nichtsdestoweniger ist Ahrensfelde, zumindest bis zur Brandenburger Gebietsreform, ein eigenständiger Ort.

Dorfreste

Wer den Weg weiterläuft, aus dem die Straßenbahn zur Wendeschleife ausschwenkt, ist schon nach wenigen hundert Metern inmitten der Gemeinde (ein Ortseingangsschild gibt es nicht). Ein eigenartiger Kontrast: Eben noch die schöne neue Plattenbauwelt, und nun ein recht ödes Straßendorf an der lärmenden B 158, in dem die Zeit stehengeblieben zu sein scheint. Wer sich über die schlechten Bürgersteige weiter östlich hält, kommt an Kirche, Rathaus und Schule vorbei nach wenige hundert Metern schon wieder ans Ortsende. Die Straße gabelt sich hier in Richtung Bad Freienwalde und in Richtung Mehrow, von wo sie über Hönow wieder in den Berliner Osten zurückführt, dahinter liegen weite Felder. Man hat den Eindruck, als sei man mitten auf dem Land, im dünn besiedelten Norden Brandenburgs oder sogar schon in Mecklenburg. Aber dies ist die Umgebung der mit Abstand größten deutschen Stadt – noch.

Wer mit der Linie 18 von Ahrensfelde zurückfährt, sieht zwei Haltestellen weiter in der Verlängerung der Havemannstraße (zuvor »Erich-Glückauf-Straße«) die Kirche von Eiche stehen, einem anderen Dorf, an das sich die Neubauten ebenfalls noch nicht ganz herangefressen haben. Dann folgt wieder die breite Schneise mit den Erdgasrohren und dem mickrigen Bach, an dem meist Kinder spielen; eine schmuddelige Gegend, die bis heute nicht hergerichtet worden ist. Nicht allzuweit hinter der Kirche an der Trusetaler Straße (Kirchen sind in den »sozialistischen Stadtbezirken« aus naheliegenden Gründen eine Seltenheit) durchquert die Bahn dann wieder den »Wohngebietspark«.

Wer vorhin nicht in Alt-Marzahn ausgestiegen ist, fährt bis dorthin zurück und besichtigt den Ort nun. Wer darauf keine Lust oder es schon hinter sich gebracht hat, steigt schon an der Haltestelle Jan-Petersen-Straße – kurz hinter dem »Wohngebietspark« – in die 6 um. Über die Landsberger Allee geht die Fahrt zunächst schnurstracks auf die Stadtgrenze zu. An der Kreuzung mit dem Blumenberger Damm (zuvor »Otto-Buchwitz-Straße«) hat man einen schönen Rundblick:

Rechter Hand erstreckt sich in der Ferne der 21 Hektar große Erholungspark Marzahn (vormals »Berliner Gartenschau«) mit dem hundert Meter hohen Kienberg, davor Gewächshäuser, und links davon die Neubauten von Hellersdorf.

Bis man dort ankommt, passiert man vorher aber noch den Straßenbahnbetriebshof Marzahn, der 1985 eröffnet wurde. (Wer die 10 am Wochenende benutzt, muß spätestens hier in die 6 umsteigen, denn nur sie fährt samstags und sonntags nach Hellersdorf weiter).

157 Meter lang und 84 Meter breit ist die Instandsetzungshalle, die Abstellanlage bietet Platz für 200 Züge. Als erster Neubau einer derartigen Einrichtung seit 55 Jahren, zeigt der Betriebshof den Aufschwung an, den die Straßen-

bahn im Zuge der Neubauplanung im Berliner Osten genommen hat.

Rund dreißig Kilometer Strecken wurden zwischen 1979 und 1991 neueröffnet, sämtlich zur Anbindung von Marzahn, Hohenschönhausen und Hellersdorf, wofür eine (richtige) U-Bahn viel zu teuer gekommen wäre.

Doch nicht nur, daß die Strecken teilweise schon wieder erneuert werden müssen, weil man wie bei der Eisenbahn Betonschwellen verbaute, deren – große »Neuerung«! – beigemischter Meersand sie wegen seines Salzgehaltes zersetzt; obwohl mit eigenem Gleiskörper ausgestattet, ist der Ausbau der Strecken generell nicht so, daß die Tram tatsächlich eine Schnellbahn ersetzen könnte:

Vor allem vertrödelt man viel zuviel Zeit mit dem Warten an roten Ampeln, da Vorrangschaltungen fehlen. Das ist um so unangenehmer, als die falsche Siedlungspolitik auch in Berlin riesige Verkehrsströme verursacht hat, die immer nur in eine Richtung laufen: Morgens sind die Züge in die City proppenvoll, nachmittags jene in die Trabantenstädte. Auf der langen Strecke dazwischen findet kaum ein Fahrgastwechsel statt, wer nicht gleich an einer der ersten Haltestellen zusteigt, muß mindestens eine halbe Stunde stehen. Eine Erhöhung der Zugfrequenzen würde zwar mehr Sitzplätze und weniger Gedrängel bringen, ist aber schon deshalb unmöglich, weil die Züge in die jeweilige Gegenrichtung immer so gut wie leer sind.

Ein weiteres Manko sind schließlich die Verknüpfungspunkte zwischen den neuen Haltepunkten der Tram und jenen der S-Bahn: Nicht nur, daß sie zu gering ausgefallen sind, sowohl an der Station Marzahn als auch in Springpfuhl hat man auch noch recht lange Umsteigewege in Kauf zu nehmen – so macht man öffentlichen Personennahverkehr attraktiv!

Wenigstens das Umsteigen zwischen Straßen- und U-Bahn ist dann am U-Bahnhof Hellersdorf optimal gelöst worden. Damit und mit dem Bau dieser beiden Strecken sind die wesentlichen Bestandteile der dortigen Infrastruktur aber auch schon genannt. Denn Hellersdorf, obwohl schon 1980 begonnen, ist bis heute zu großen Teilen eine Baustelle geblieben. Hellersdorf, bis vor einigen Jahren ein so winziger Flecken, daß kaum ein Berliner jemals etwas von diesem ehemaligen Gut gehört hatte, ist der völlige Bankrott der SED-Wohnungsbaupolitik. Schon Marzahn wurde nicht richtig fertig – der »Wohngebietspark« etwa ist ebenso erst 1991 eröffnet worden wie das »Freizeitforum«, ein ursprünglich geplantes zweites Kino ist bis heute nicht gebaut worden, statt des immer wieder groß angekündigten, auf 380 Hektar angelegten Naherholungsgebiets rund um die Wuhle, zwischen Marzahn und Hellersdorf, findet sich auch dort bis heute die überkommene Wildwuchslandschaft. In Hohenschönhausen, der zweiten großen Trabantenstadt, waren die Ausfälle dann schon ein bißchen größer. Und in Hellersdorf schließlich, das 1986 durch Teilung Marzahns zu einem weiteren Stadtbezirk wurde, hat man eigentlich nur noch die Häuser auf die grüne Wiese gestellt.

Immerhin hatte ja die SED hoch und heilig versprochen, »bis 1990 die Wohnungsnot beseitigt« zu haben. Also steckte man alles in die immer schneller und immer schlampiger betriebene Montage der Fertigteilhäuser, zum Segen der Hauptstadt auch nicht nur Berliner, sondern Baubrigaden aus allen Teilen der DDR. Doch als sich die Herrschaft der unfehlbaren Partei ihrem Ende näherte, mußten bereits mehr Wohnungen wegen Vernachlässigung gesperrt oder abgerissen werden als überhaupt neuerrichtet wurden. Und so ließen die nach Berlin Abkommandierten die Kelle in dem Moment fallen, wo die alte DDR (und damit oft auch ihr Baubetrieb) zusammenbrach, um in ihren Heimatstädten wenigstens noch zu retten, was überhaupt noch zu retten war.

Wohnen auf der Baustelle

Dementsprechend sieht es in Hellersdorf bis heute aus, vor allem in dem jüngsten Bauabschnitt, den die Straßenbahn auf ihrer am 1. Mai 1991 eröffneten Strecke durchfährt: Riesige Sandberge, nicht fertiggestellte Straßen, freie Flächen, wo eigentlich mal Sportplätze, Versorgungszentren oder auch – siehe Kastanienallee – ein plattenbauumstandener Boulevard hinkommen sollten. Dabei wäre auch so schon alles trostlos genug: Die Häuser zeigen zwar deutliche Modifikationen gegenüber Marzahn oder Hohenschönhausen. Meist sind es nur Fünfgeschosser, die man außerdem sehr viel stärker in traditioneller Blockstruktur aufgestellt hat. Doch durch die geringere Gebäudehöhe wirken die keineswegs schmaler gewordenen Straßen eher noch überdimensionierter, durch das noch stärker vorherrschende Grau scheinen die bestenfalls von mickrigen Bäumchen bestandenen Schneisen noch trister.

Von der Wendeschleife, wo die Strecke nach Senatsplänen bis nach Mahlsdorf verlängert werden soll, wo jetzt schon die 83 nach Köpenick fährt, geht es mit der 6 zurück nach Marzahn. Dort passiert man jenseits des »Wohngebietsparks« auch das »Freizeitforum« (Marzahner Promenade 55, O-1140 Berlin, Tel. 5 17 04-0): Im Herbst 1991 endlich eröffnet, bietet der Komplex unter anderem eine Sporthalle, Restaurants, Kegelbahnen, die sehr schön um einen Lichthof angeordnete Hauptstelle der Marzahner Stadtbücherei, einen für Theater wie für Feste nutzbaren Mehrzwecksaal, ein Schwimmbad und noch einiges mehr.

Einflugschneise in die Satellitenstadt: Allee der Kosmonauten

Aber: Das Bad ist beispielsweise erst das zweite in ganz Marzahn. Und neben den etwa 100 000 Bewohnern dieses Neubaugebietes sind auch noch die 90 000 Hellersdorfer, bei denen es so gut wie gar nichts gibt, auf die Marzahner Einrichtungen angewiesen.

Gleich neben dem »Freizeitforum« zweigt die Marzahner Promenade ab, der »gesellschaftliche Hauptbereich« des Viertels. Statt durch die Fußgängerzone gelangt die Bahn praktisch an ihrer Rückseite, parallel zur Landsberger Allee, zum S-Bahnhof Marzahn. Dort endet der Stadtteil, und es beginnt eine endlose lange Strecke, die noch einmal in aller Brutalität verdeutlicht, mit welch tristem Siedlungsbrei die Berliner Außenbezirke inzwischen schon überzogen sind: Fabriken, erste Großmärkte, zur Pflanzenzucht benutzte Flächen und erst vor einigen Jahren aufgetürmte Plattenbauten wechseln sich rund um die stark befahrene Landsberger Allee ab, die die einzige direkte Straßenverbindung zwischen Marzahn und der Berliner Innenstadt darstellt.

Den einzigen architektonischen Lichtblick stellt linker Hand das Wasserwerk Reinhardsbrunn dar, eigentlich nur ein Pumpwerk, das 1893 im Zusammenhang mit dem Wasserwerk Friedrichshagen errichtet worden war, hinter dem sich wieder das große Lichtenberger Industriegebiet erstreckt, durch das die 18 vorhin gefahren war.

Kurz vor den neugotischen Wasserwerksbauten geht auf der gegenüberliegenden, rechten Seite die Genslerstraße ab: Hier befand sich das berüchtigte Stasi-Gefängnis von Hohenschönhausen, aus dem nun eine Gedenkstätte werden soll. Auf dem einstigen Stasi-Arreal selbst tummeln sich Super- und Automarkt, Discountläden und zu Schlüsseldiensten, Computer- oder Immobilienhändlern mutierte MfS-Abteilungen.

Nach einem Schlenker über Hohenschönhausen und Oderberger Straße gelangt man dann wieder auf die Landsberger Allee und auf jene Strecke zurück, über die man mit der 18 in Richtung Marzahn gefahren ist.

Fahrzeit Linie 18 bis Alt-Marzahn:

45 – 52 Minuten, bis Jan-Petersen-Straße zwei, bis Ahrensfelde 10 Minuten länger; Linie 10 Alt-Marzahn – Riesaer Straße (nur wochentags): 20 Minuten; Linie 6 Jan-Petersen-Straße – Riesaer Straße: 16 – 19 Minuten, Riesaer Straße – U Schwartzkopffstraße: 60 – 67 Minuten.

Mehr als der Hauptmann

Linie 21 bzw. 13 + 82/86/83:
Berlins Boulevards – Wo liegt Boxhagen? – Herrn Klingenbergs Kraftwerk bei Herrn Rummels Burg – Oberschweineöde und Bullenbahn – Als Köpenick Hauptstadt war – Berlins schönste Straßenbahnstrecke – Ein eigenwilliges Museum

Manchmal ist Straßenbahnfahren in Berlin gar nicht so einfach: Wer diese Tour wochentags machen will, muß mit der 13 starten und in Rummelsburg, spätestens an der Endhaltestelle am Blockdammweg, in die 82 umsteigen. Wer dagegen samstags oder sonntags ins Grüne fahren will, kann bis Köpenick mit der 21 durchfahren, die dann an Stelle der anderen beiden Linien verkehrt.

Kompliziert wird es aber auch schon am Start: Der 1913 eröffnete Hochbahnhof, zu dem man mit der U 2 in zirka zehn Minuten vom Alex Richtung Pankow gelangt, heißt erst seit kurzem »Eberswalder Straße«. Diesen Namen verdankt er einem Kniff des CDU-Verkehrssenators Haase, der zum einjährigen Jubiläum der Wiedervereinigung alle Kommunisten von den Stationsschildern getilgt haben wollte (Rosa Luxemburg bildet – bisher noch – die einzige Ausnahme). Doch da sich der für die Straßennamen zuständige Bezirk nicht von der Dimitroffstraße trennen konnte, taufte Haase den Bahnhof einfach nach ihrer Fortsetzung um.

Schon nach wenigen hundert Metern wird aus der Eberswalder Straße die Bernauer Straße, die kurz nach der Grenzschließung am 13. August 1961 traurige Berühmtheit erlangte: Da die Häuser auf der Südseite im Ostbezirk Mitte, der Bürgersteig vor ihnen aber im Westbezirk Wedding lagen, versuchten Dutzende von Menschen, aus ihren Wohnungsfenstern dem angeblichen Arbeiterparadies zu entfliehen. Einige wurden dabei, wenn die Vopo schon die Tür aufbrach und die West-Feuerwehr nicht schnell genug ihre Sprungtücher hatte ausbreiten können, zu den ersten Todesopfern der Mauer.

Den kahlen breiten Grenzstreifen, der nach dem Abriß der Häuser entstanden war, will der Senat nun für eigene Zwecke nutzen. Zum Entsetzen der Anwohner soll die Bernauer, ebenso wie Eberswalder und Dimitroffstraße, Teil des breiten »Innenstadtringes« werden; mit ihm hofft man, ganz im Geiste der sechziger Jahre, »den Verkehr bündeln und ableiten« zu können. Ob dann auch – wie immer wieder beteuert – die Straßenbahn über die Bernauer in Richtung Nordbahnhof verlängert wird, bleibt abzuwarten.

Leider hat die Sache mit dem Straßenring eine gewisse historische Berechtigung – allerdings aus einer Zeit, in der man das Wort »Automobil« noch gar nicht kannte: Wer auf den Stadtplan guckt, sieht, daß sich hier ein Ringfragment bereits vom Nordbahnhof bis zum Halleschen Tor erstreckt. Sein geistiger Vater ist der berühmte Peter Joseph Lenné. Als Landschaftsarchitekt, der er in erster Linie war, hatte er bei dieser Stadtplanung aber wohl weniger die Befriedigung von Verkehrsbedürfnissen im Sinn als vielmehr, die Stadt mit einer abwechslungsreichen Struktur von großen Plätzen (nach Londoner Vorbild)

Seite 114: Blick von der Schloßinsel aufs Gewimmel in der Köpenicker Altstadt

und breiten Alleen zu durchziehen. James Hobrecht, der zwischen 1859 und 1861 an einem Bebauungsplan für das immer schneller wachsende Berlin arbeitete, nahm Lennés Grundidee auf und ergänzte sie, möglicherweise angeregt von den breiten Boulevards, die der Baron Haussmann durch die Pariser Armenviertel schlagen ließ, durch den großzügigen Ausbau der alten Überlandwege: So entstanden Schönhauser Allee, Prenzlauer Allee, Greifswalder Straße und Landsberger Allee, die sozusagen das Grundgerüst für den heutigen Bezirk Prenzlauer Berg bilden. Mit diesem »Hobrecht-Plan« von 1862, der im großen und ganzen bis 1919 galt, entstand aber auch das »Steinerne Berlin« – ein Begriff, den Werner Hegemann mit seinem 1930 erschienenen gleichnamigen Buch über die »größte Mietskasernenstadt der Welt« prägte.

Lebendiger Kiez, schnarchige Neubauten

Bei der Kritik an der Stadt des 19. Jahrhunderts, die schon in den zwanziger Jahren meist auf eine Kahlschlagsanierung abzielte, wurde jedoch oft übersehen, daß nicht alle Ursachen der ungesunden Wohnverhältnisse baurechtlicher oder architektonischer Natur waren: Die extreme Überbelegung hatte beispielsweise ebenso wirtschaftlich-soziale Hintergründe wie der geringe Lebensstandard der Bewohner oder der schlechte Zustand, in dem sich viele Häuser befanden. Insbesondere in Prenzlauer Berg, also rund um die Dimitroffstraße und vor allem bis zur Kreuzung mit der Greifswalder Straße, zeigt sich jedoch auch, daß diese vielgescholtene Bebauung ein Gefühl von Heimat und Identität des Ortes zu vermitteln imstande ist, daß sich in ihr eine lebendige Szene aus Künstlern und Lebenskünstlern breitmachen kann (wie beispielsweise rund um den Kollwitz-

Friedrichshain, Boxhagener Straße

platz, zu dem man durch die Husemannstraße gelangt), daß aus Stadterweiterungsgebieten hier Innenstadt geworden ist. – Qualitäten, die man kaum noch erreichte, als man meinte, für bessere Wohnungen konzeptionell nur ins andere Extrem fallen zu müssen. Statt dessen entstanden so schnarchig-öde Siedlungen wie die umgrünten Plattenbauten des »Ernst-Thälmann-Parks«, die man 1987 zwischen Prenzlauer Allee und Greifswalder Straße als Renommierprojekt zum 750-Jahr-Feier-Jubel errichten ließ.

Zwei Haltestellen hinter dieser Kreuzung, an der übrigens schon die bundesdeutschen Balkensignale die DDR-typische Dreipunktampel für die Straßenbahn ersetzt haben, wird die Dimitroffstraße dann rechter Hand von den Ausläufern des Volksparks Friedrichshain berührt, dann folgt die baufällige Anlage des Friesen-Schwimmstadions. Wurde es 1951 für die »Weltfestspiele der Jugend und Studenten« errichtet, so entstand die Werner-Seelenbinder-Halle am Ende einer gegenüberliegenden Querstraße schon ein Jahr zuvor für das erste Deutschlandtreffen der SED-Jugendorganisation FDJ. Später fanden in dem einstigen Industriegebäude Parteitage ebenso statt wie Sportveranstaltungen (vor allem der Radler), Kirchentage wie Rockkonzerte.

An der Kreuzung mit der Landsberger Allee, die zwischenzeitlich nach Lenin benannt war, beginnt Friedrichshain (niemals das erste »I« dehnen! Berliner sagen »Friddrichshain«!), und aus der Dimitroff- wird die Petersburger Straße. Bis vor kurzem hieß auch sie anders, und zwar nach Nikolai Bersarin, dem ersten sowjetischen Stadtkommandanten, der bereits am 16. Juni 1945 bei einem Verkehrsunfall ums Leben kam (auch hier eine sprachliche Besonderheit: Berliner betonen seinen Namen auf der zweiten Silbe). Zu seinem Andenken ist der im Krieg völlig zerstörte Bersarinplatz geblieben, den man in den späten achtziger Jahren wieder bebaut hat. – Doch wie macht man das an einem Kreis, wenn man keine Platten mit entsprechender Biegung hat? Mit Ecken, diversen Lücken und nicht richtig an vorhandene Baufluchten anschließenden Kanten. Die geplante Auflösung des Kreisverkehrs wurde jedoch (bisher) nicht durchgeführt.

Vor dem recht häßlichen Friedrichshainer Rathaus, das die Bahn dann passiert, hat sich nach der »Wende« ein quirlender

Wochenmarkt entwickelt – wie überhaupt die Ostberliner Straßen von Buden und Ständen überzogen wurden; die ehemaligen DDR-Bürger nehmen den Begriff »Marktwirtschaft« sehr genau. An der nächsten Ecke kreuzt die pompöse Bebauung der einstigen »Stalinallee«; 1952–60 im stalinistischen »Zuckerbäckerstil« und unter großem Propagandagetöse als «Ku'damm des Ostens« entstanden, ist sie noch immer eine echte Sehenswürdigkeit – wenn auch kein »Obst und Gemüse aus der VR Polen« mehr versprochen wird, das es dann nur in Form einiger Konserven gibt, oder das Schaufenster der »Berliner Blumen« neben drei mickrigen Strohblumensträußen ein riesiges Honecker-Photo präsentiert. Spätestens, seit 1957–60 die beiden Turmhäuser entstanden – zu einer Zeit, da man in Moskau diesem Architekturstil schon längst abgeschworen hatte –, ist diese Ecke für die Berliner das »Frankfurter Tor«. So hieß denn der U-Bahnhof, bis er 1991 umbenannt wurde; denn erstens könnten besonders dumme Touristen ja »Frankfurter Tor« mit »Frankfurter Allee« verwechseln und zweitens habe sich an dieser Stelle gar nicht das historische Frankfurter Tor befunden, heißt es dazu vom Verkehrssenator. Viele Ostberliner freilich empfinden solche Spitzfindigkeiten als typisches »Besserwessi«-Gehabe.

Kurz hinter dem Frankfurter Tor (das also gar keines ist) schwenkt die Bahn in die Boxhagener Straße ein. Sie führt quer durch einen etwas schmuddelig wirkenden und bisher kaum durch besondere (sub-)kulturelle Aktivitäten in Erscheinung getretenen Kiez. (Vielleicht reagieren deshalb manche »Prenzelberger« so ungehalten, wenn man ihren geliebten Bezirk mit Friedrichshain durcheinanderbringt.) Der Name »Boxhagen« wird übrigens kaum einem Berliner etwas sagen. Dabei handelt es sich hier nicht um irgendein Provinznest, sondern das ganze Viertel, durch das wir jetzt fahren, ist mehr oder weniger Boxhagen – was aus irgendeinem Grunde völlig in Vergessenheit geraten ist. Ende des 14. Jahrhunderts war der »Buchshagen« schon als Wiesengelände bekannt, vom 16. bis 19. Jahrhundert befand sich ungefähr dort, wo heute der Wismarplatz liegt, ein von Berlin betriebenes oder verpachtetes Vorwerk mit Meierei. Zu Beginn des Kaiserreichs setzte dann die Bebauung mit Mietskasernen ein, 1889 wurde Boxhagen mit Rummelsburg vereinigt. Als die Gemeinde 1912 wiederum in der damals noch selbständigen Stadt Lichtenberg aufging, zählte sie schon 40 000 Einwohner. Erst 1938 kam die Gegend zu Friedrichshain.

Mögen die Berliner ihr Wasser nicht?

Der Bezirk Lichtenberg beginnt heute erst hinter der Ringbahnbrücke. Er ist berühmt-berüchtigt als Standort der einstigen Stasizentrale und gleichzeitig einer der wichtigsten Berliner Industriestandorte. Linker Hand breitet sich dann auch gleich das einstige Hauptwerk der Knorr-Bremse AG aus, in Eisenbahnerkreisen vor allem bekannt wegen jener nach ihm benannten Druckluftbremse, die der Herr Knorr erfand. Der 1922–27 errichtete Komplex ist eine der wenigen Arbeiten, zu denen Alfred Grenander noch kam, nachdem er 1900 seine Tätigkeit für die Berliner U-Bahn (unter anderem der Hochbahnhof Eberswalder Straße) begonnen hatte. Trotz dieses städtebaulichen Schwergewichts, das noch durch einige Schulgebäude vom Anfang des Jahrhunderts ergänzt wird, wirkt die Gegend etwas desolat. Tatsächlich handelt es sich hier, nahe der Station Ostkreuz, um eine ganz und gar von der Bahn geprägte und zerschnittene Ecke: Niederschlesisch-Märkische und Ostbahn laufen hier zusammen und kreuzen sich mit dem Ring, zu dem es außerdem noch zwei Verbindungskurven gibt.

Auf der anderen Seite der Bahnstrecken sieht es aber auch nicht viel besser aus: Bei Rummelsburg denken die meisten Berliner erst mal an das Gefängnis, das man mit der Bahn nach einer Bundeswehreinrichtung auf der rechten Seite passiert. Wenn man bis hierher mit der 13 gefahren ist, ist es Zeit, in die 82 umzusteigen. Die Gegend, die vorstädtisch wirkt, obwohl sie dicht an der City liegt, verdankt ihren Namen dem Gastwirt Rummel, der seine vor zweihundert Jahren hier betriebene Wirtschaft »Rummelsburg« nannte. Ein richtiger Ort hat sich nie entwickelt, bis heute wohnt hier kaum jemand. Dafür siedelte sich die Industrie an, die die ganze Strecke hinunter den Blick auf den See – der schließlich auch nach Rummelsburg benannt wurde – und die Spree versperrt. Das ist in Berlin, außerhalb des historischen Stadtkerns, nichts Seltenes. Es hat allerdings weniger damit zu tun, daß »die Berliner ihr Wasser nicht mögen«, wie der derzeitige Senatsbaudirektor, der die Spree- und Havelufer forciert besiedeln möchte, einmal geäußert hat. Vielmehr ist es die Folge einer Fehlplanung aus der Kaiserzeit: Bis 1913 der Osthafen eröffnet wurde, besaß Berlin nämlich keine brauchbare Anlage zum Be- und Entladen von Schiffen, zur Lagerung ihrer Güter und zu deren schnellem Weitertransport. Derweil die Stadt boomte und sich zum zweitgrößten deutschen Binnenhafen entwickelte, fand der Umschlagverkehr erst an allen möglichen, dazu meist gar nicht geeigneten Kanalufern statt, später versuchte man eher halbherzig, das Problem mit einigen Ladestraßen und viel zu klein bemessenen Häfen in den Griff zu bekommen. Die Konsequenz war, daß sich große Industriebetriebe unmittelbar am Wasser ansiedelten, um ihren Schiffsumschlag selbst zu regeln – schließlich waren die Flüsse damals neben der Schiene der wichtigste Gütertransportweg.

Für das Kraftwerk Klingenberg, das die Köpenicker Chaussee links mit dem Maschinenhaus und dem Hochhaus für Verwaltungs- und Sozialzwecke, rechts mit dem Schalthaus umgibt, wurde sogar ein eigener kleiner Stichkanal gebaut. 1925/26 entstand das »Großkraftwerk«, mit seinen kubischen Formen, seiner rhythmischen Gliederung und der roten Klinkerverkleidung ein typischer Bau der klassischen Moderne. Die acht charakteristischen Stahlrohrtürme des Kraftwerks, das in den Zwanzigern Furore machte, wurden 1965 jedoch kurzerhand abgesägt und durch zwei größere, der »Politik der hohen Schornsteine« entsprechende Betonschlote ersetzt. Zu jener Zeit hieß der Komplex offiziell übrigens »Rummelsburg«, da ein Kraftwerk natürlich nicht nach einem AEG-Direktor benannt sein durfte, auch nicht, wenn er dessen geistiger Vater war.

Vorbei an der 1920 errichteten Gaswerkssiedlung, bei deren Gestaltung sich der Architekt Erich Engelmann wohl des Potsdamer Holländischen Viertels erinnerte, geht es in den Blockdammweg, eine besonders öde Straße zwischen Industrieansiedlungen und dem großen Rangierbahnhof Rummelsburg, der sich linker Hand, unter dem alten Wasserturm, ausdehnt. Nach einer Kurve dann plötzlich ein völliger Bruch: Eben noch Fabriken, Verwaltungsbauten und Hochspannungsmasten und nun kleine, alte, fast villenartige Häuser, Vorgärten, große Bäume.

Dies ist der Ortsteil Karlhorst, benannt nach Karl Sigismund von Treskow, der 1816 Schloß Friedrichsfelde erworben und den heutigen Tierpark von Lenné zum Landschaftspark hatte umgestalten lassen. 1825 ließ er im heutigen Karlshorst ein Vorwerk für sein Gut anlegen. So sollten nicht nur die Ackerflächen, sondern auch die Waidrechte in der Wuhlheide besser genutzt werden, in der ab 1862 Armeejagdrennen statt-

Zwischen Villenviertel und »Russenkaserne«:

fanden. 1893/94 wurde dann die »Hindernisrennbahn« eröffnet, die 1945 zur Trabrennbahn avancierte.

Vor rund hundert Jahren kaufte eine konservative Wohnreformbewegung hier Land, um Eigenheime für Minderbemittelte, insbesondere für kaisertreue Kriegsveteranen, zu errichten. Die ersten drei Häuser rund um die Ehrlichstraße, durch die die Bahn zunächst fährt, soll denn auch der Monarch gestiftet haben. Doch bald schon wurde der Verein von der in Gang gesetzten Entwicklung überrollt. Karlshorst reifte zur attraktiven Wohngegend und eine Villenkolonie entstand, was im Berliner Osten recht unüblich war.

Pferdewetten als Verlockung

»Quappenkrug« war zu popelig

An der Rennbahn biegt die Tram auf die Treskowallee ein, die zwischenzeitlich nach dem Kommunisten Hermann Duncker benannt war. An einer russischen Militäranlage vorbei (seit 1945 die deutsche Kapitulation hier unterzeichnet wurde, war Karlshorst eine Domäne der Sowjetarmee) und unter einem »Flyover« hindurch (was hat man in Sechzigern und Siebzigern solche Hochstraßen geliebt), geht es nach Oberschöneweide. Der Industrieort, der schon zu Köpenick gehört und dessen Name gern zu »Oberschweineöde« verballhornt wird, ist praktisch das südöstliche Gegenstück zur ebenfalls an der Spree gelegenen Siemensstadt im Nordwesten, die auch von der in Berlin einst dominierenden Elektroindustrie geschaffen wurde.

Kurz vor der Brücke nach Niederschöneweide biegt die Bahn aus der Edison- in die Wilhelminenhofstraße ein. Genau an dieser Stelle soll sich einst der »Quappenkrug« befunden haben, ein Gehöft mit Bierausschank, das vor allem von den Reisenden zwischen Berlin und Köpenick frequentiert wurde. Um 1815 erwarb ein Oberfinanzrat das inzwischen hier errichtete Gutshaus, baute es zu einem kleinen Schlößchen aus und benannte es, da ihm »Quappenkrug« zu popelig erschien, nach seiner Gattin »Wilhelminenhof«.

Vor rund hundert Jahren kaufte dann die »Grundrenten-Gesellschaft« das Terrain zwischen Spree und Wuhlheide, um hier an Stelle der Ausflugsgaststätten Industrie anzusiedeln. Dazu legte sie 1890 auch eine vom Bahnhof Schöneweide ausgehende Güterbahn an, die zunächst von Pferden und Ochsen gezogen wurde, was der Strecke dann noch heute gebräuchlichen Namen »Bullenbahn« eintrug. 1901 wurde sie von der »Gesellschaft für den Bau von Untergrundbahnen« erworben, die zwischen Stralau und Treptow gerade den von der Straßenbahn genutzten Spreetunnel gebaut hatte und mit der AEG verbunden war. Sie elektrifizierte die »Bullenbahn« und verband sie mit ihren als »Berliner Ostbahnen« firmierenden Tramlinien. Auf diese Weise kam die Güterstrecke schließlich zum Personenverkehrsunternehmen BVG, das sie bis 1969 betrieb und dann an das Kombinat Autotrans abgab. Noch heute ist die Industriebahn längs der Wilhelminenhofstraße aber an vielen Stellen mit den Tramgleisen verbunden, mit denen es dementsprechend

»Bullenbahn« am Werk für Fernsehelektronik in Oberschöneweide

auch eine gemeinsame Stromversorgung gibt. Und es kann durchaus passieren, daß einem statt eines Reko- oder Tatra-Zuges plötzlich ein »Bulle«, wie nun die E-Loks heißen, entgegenkommt.

Aber auch sonst bietet die Wilhelminenhofstraße ein in Berlin wohl einzigartiges Bild: Während sich links Wohnbauten erstrecken, breiten sich rechts endlose Industrieanlagen aus. Zwischen der Jahrhundertwende und den dreißiger Jahren errichtet, sind sie einheitlich mit gelben Klinkern verkleidet – früher glaubte man eben, daß auch Industriebauten Architektur und nicht nur »Klimahüllen« sein sollten. Das zeigt beispielsweise die Anlage gegenüber der Klarastraße: Neben einem geschwungenen Bau aus den zwanziger Jahren, der einst als Umspannstation diente, breitet sich mit einem quer zur Straße gestellten hohen Giebel das ehemalige Kraftwerk aus, das 1895 von der AEG als erste Drehstromüberlandzentrale Deutschlands in Betrieb genommen wurde. Noch eindrucksvoller der Komplex an jener Ecke, an der die Bahn aus der Wilhelminenhof- in die Ostendstraße einbiegt: Siebzig Meter mißt der Turm der Anlage, die mitten im Ersten Weltkrieg für die »Nationale Automobilgesellschaft« errichtet wurde. Da diese Firma mit der AEG verbunden war, wurde ihr Hauptwerk von Peter Behrens gestaltet, dem Hausarchitekten der AEG und Wegbereiter der Moderne: Nicht nur, daß bei ihm beispielsweise Walter Gropius, der spätere Gründer des immens einflußreichen Bauhauses, in die Lehre ging; Behrens war (mit dem von ihm geleiteten Büro) auch zumindest in Deutschland der erste, der das Erscheinungsbild eines Industrieunternehmens einheitlich durchstylte, von den Fabrikanlagen der AEG über ihre Haushaltsgeräte bis hin zu dem noch heute verwendeten Firmenschriftzug.

Im NAG-Gebäude ist heute das Werk für Fernsehelektronik (WF) untergebracht, das mit dem Transformatoren- und Elementewerk (TRO) und dem Kabelwerk Oberspree (KWO) zu DDR-Zeiten Oberschöneweide beherschte. Der damaligen Politik entsprechend, säumen denn auch noch diverse Kultur- und Sozialeinrichtungen der Großbetriebe die Straßenbahntrasse: Schräg gegenüber dem Turmbau etwa das WF-Kulturhaus, in der Ostendstraße der KWO-Kindergarten, dann ein Jugendklub und in der Straße »An der Wuhlheide«, wo keine Industrieanlagen mehr stehen, das KWO-Bootshaus, das TRO-Kinderheim oder das KWO-Klubhaus »Erich Weinert«. So mancher dieser Bauten diente allerdings auch schon vor dem Zweiten Weltkrieg sozialen Zwecken, so wurde das WF-Kulturhaus 1914/15 nach Plänen von Felix Lindhorst als Arbeiterwohlfahrtshaus der Varta errichtet, und das Bootshaus der KWO entstand 1910 für den Angestelltensportverein der AEG – natürlich wieder nach Entwurf von Behrens.

Ihm gegenüber breitet sich die Wuhlheide aus, ein Waldrest, in dem 1950 der »Pionierpark Ernst Thälmann« angelegt wurde. Der jetzt »FEZ« (Freizeit- und Erholungszentrum) genannte Komplex bietet in seinem 1979 eröffneten »Palast« je eine Schwimm- und Sporthalle, Veranstaltungssäle und diverse Spiel- und Zirkelräume, im 120 Hektar großen Park Sportplätze, Naturlehrpfade und zwei Freilichtbühnen, die weniger ein auf Kinder zugeschnittenes Programm zeigen, sondern zur Sommerzeit Kino ebenso wie Konzerte. Außerdem fährt auf einem etwa sieben Kilometer langen Rundkurs die »Park-Eisenbahn«, »1956 aus Anlaß des 80. Geburtstages von Wilhelm Pieck von den Eisenbahnern des Landes den Kindern zum Geschenk gemacht«, wie uns ein DDR-Reiseführer verrät. Mittlerweile hat die Anlage, die einst die reinste Kaderschmiede für das sozialistische Verkehrswesen gewesen sein soll, als Museumsbahn Eingang in das Kursbuch der Deutschen Bahnen gefunden. (FEZ, An der Wuhlheide, O-1160 Berlin, Tel. 6 30 70)

Kurz hinter dem »Kulturhaus Erich Weinert«, dort, wo die Straße einen kleinen Knick macht, rumpelt die Straßenbahn dann über eine kleine Brücke: Der Bach darunter ist die Wuhle, die aus Richtung Ahrensfelde/Mehrow kommend den ganzen Berliner Osten durchfließt und natürlich der Wuhlheide den Namen gegeben hat. Gleich hinter dem Flüßchen beginnt mit der Lindenstraße (nicht lachen!) der Ortskern von Köpenick: Wie Spandau im Westen Berlins hat sich auch Köpenick heftig gegen die 1920 erfolgte Eingemeindung gesträubt und bis heute einen eigenständigen Charakter bewahrt. Wie Spandau kann Köpenick darauf verweisen, daß seine erste urkundliche Erwähnung früher als die Berlins lag. Darüber hinaus ist Köpenick auch mit Sicherheit älter, ja, es war sogar – wenn man so will – einmal Hauptstadt: Schon im 9. Jahrhundert entstand hier eine slawische Burg, die das Machtzentrum des Stammes der Sprewanen war. Als der letzte, kinderlose Fürst der Heveller, deren Zentrum die Brandenburg war (aus der später die Stadt wurde), 1150 starb, wollte der Askanier Albrecht der Bär sein Erbe antreten. Jaxa (auch »Jacso«) von Köpenick machte ihm dies jedoch streitig und erstürmte die Brandenburg. Erst ein halbes Jahrhundert später konnte die Burg Köpenick erobert werden, die westslawische Kultur wurde zerstört und die Gegend wieder von den Germanen, die sie etwa im 5. Jahrhundert verlassen hatten, besiedelt. Dem Amt Köpenick, dessen Name auf »Copanic«, das wendische Wort für »Inselort« zurückgehen dürfte, wurden zwar schon im 18. Jahrhundert einige Kolonien zugeordnet, doch erst im 19. Jahrhundert begann sich die Kleinstadt etwas stärker auszuweiten.

Berlins Straßenbahnmusterstadt

Dennoch ist Köpenick bis heute der grünste und blaueste (so das Wasser denn noch blau ist) Berliner Bezirk geblieben, allerdings mit 127 Quadratkilometern auch der flächengrößte. Und es ist heute Berlins Straßenbahnmusterstadt. Zwar bedarf das Netz auch hier größtenteils der Sanierung und eines moderneren Ausbaus; aber nirgendwo sonst in Berlin wird der öffentliche Personennahverkehr noch so weitgehend mit der Tram bewältigt wie hier. Nahezu alle Ortsteile sind an die Schiene angeschlossen, alle Linien laufen in der Bahnhofsstraße, die die Hauptgeschäftsstraße ist, zusammen, die meisten treffen sich schon zuvor auf der Altstadtinsel. Alle bieten auch einen schnellen Zubringerverkehr zu den beiden S-Bahn-Strecken, die Köpenick berühren, sei es nun am Bahnhof Köpenick, in Friedrichshagen oder in Spindlersfeld. Außerdem bewältigt die Straßenbahn auch noch den Querverkehr in benachbarte Stadtrandgebiete wie Mahlsdorf, Johannisthal oder Adlershof und Altglienicke.

Entstanden ist das Streckennetz in seiner heutigen Form bereits vor dem Ersten Weltkrieg. Als stolze Stadt besaß Köpenick natürlich auch schon eine Pferdebahn, die im Oktober 1882 in Betrieb genommen wurde. Die regelspurige Strecke war 1,8 Kilometer lang und verkehrte zwischen dem bereits 1842 eröffneten, etwas außerhalb gelegenen Bahnhof und dem Schloßplatz. Bis zum August 1903, als der elektrische Betrieb aufgenommen wurde, hatte sich die Bahn nicht weiterentwickelt, wenn man mal von einem zweigleisigen Ausbau absieht. Nun folgten die Strecken nach Wendenschloß und zum Bahnhof Spindlerfeld (beide 1903), nach Friedrichshagen (wo man 1906 die Pferdebahn aufgekauft und völlig umgebaut hatte), nach Mahlsdorf (1907), Grünau (1908/09, ab 1912 Anschluß an die Schmöckwitzer Uferbahn) und zum Bahnhof Adlershof (1912, mit Anschluß an die Linie nach Altglienicke der Teltower Kreisbahnen). Bei Beginn des Ersten Weltkrieges betrieb die »Städtische Straßenbahn Cöpenick« neun Linien mit einer Länge von 56,5 Kilometern auf einer Stecke von 27,4 Kilometern und beförderte im Vorjahr über sechs Millionen Passagiere. 1918 erwarb dann der Zweckverband Groß-Berlin das Kaufrecht, 1920 ging der Betrieb mit der Gründung der Einheitsgemeinde in der (städtischen) »Berliner Straßenbahn« auf.

Kurz nach der Wiedervereinigung der Stadt kursierten Gerüchte, Senat und auch Bezirk planten die völlige Stillegung des Köpenicker Netzes, unter anderem mit Hinweis auf seinen desolaten Zustand in der Altstadt, wo die Züge den historischen Gebäuden schadeten. Aber ob man nun inzwischen eingesehen hat, daß ein schwerer Bus weit mehr Erschütterungen verursacht als eine Straßenbahn auf modernem Unterbau oder nur angesichts der öffentlichen Proteste zurückgeschreckt ist – inzwischen weist man solche Überlegungen jedenfalls weit von sich und stellt nur noch die Altglienicker Strecke (Linie 84) »wegen mangelnden Verkehrsaufkommens« zur Disposition.

Auf die Trasse der ersten Köpenicker Straßenbahn schwenkt die 82 am Platz des 23. April ein, benannt nach jenem Tag, an dem die Rote Armee 1945 Köpenick erreicht hatte. Der kleine, villenähnliche Bau an der Ecke ist eine um 1903 errichtete Umformerstation der Berliner E-Werke, in der auch eine Wartehalle für die Straßenbahn eingerichtet wurde. Inzwischen wird der Raum hinter dem Rundbogen allerdings als Unterkunft für BVGer benutzt, das gemeine Volk kann hier nur noch ein ganz

Verkehrsnadelöhr in Alt-Köpenick

84
B PD 6401
2 7092-7

profanes Bedürfnis befriedigen. Dahinter steht, etwas versteckt hinter Bäumen, das Denkmal an die »Köpenicker Blutwoche«, einen berüchtigten frühen Gewaltexzeß der Nazis, dem im Juni 1933 Dutzende von Antifaschisten zum Opfer fielen.

Am Platz des 23. April heißt es umsteigen in die 86, auf der als einziger noch die Gothaer Großraumwagen aus den sechziger Jahren verkehren, die die Berliner Verkehrsbetriebe teilweise 1968–70 von Magdeburg und Dresden übernommen haben. Wer will, kann natürlich mit der 82 auch noch bis zum Bahnhof die – wer hätte diesen Namen erwartet? – Bahnhofstraße hinauffahren, quer durch die Dammvorstadt.

Ein Schloß im Schatten

Wer dagegen – am Wochenende – mit der 21 angereist ist, muß die Bahnhofstraße links liegenlassen und sollte erst am Schloßplatz in die 86 umsteigen. Gegenüber der Lindenstraße setzt sich die Bahnhofstraße in der schmalen Spreestraße fort, einer beschaulichen, von hohen Bäumen und alten Häusern gesäumten engen Allee. Wie lange es hier noch so aussehen wird, ist allerdings fraglich: Köpenick braucht dringend eine, am besten gleich mehrere Brücken, denn die Tatsache, daß sich der gesamte Verkehr durch die Altstadt bewegen muß, hat sich im Autozeitalter von dem Segen, der es einmal war, zum Fluch entwickelt. Am wichtigsten ist dabei sicher der Brückenschlag von der Dammvorstadt nach Spindlersfeld, in Fortsetzung der Bahnhofstraße. Doch dafür werden auf beiden Ufern wohl Häuser und Bäume fallen müssen.

Vorbei an der Post und der katholischen Kirche geht es hinauf zur Dammbrücke; gegenüber kann man Boote mieten und sich von seinem Begleiter oder seiner Begleiterin beispielsweise einmal um die Baumgarteninsel rudern lassen, die die links vom Müggelsee kommende Spree bildet. Von vorne rechts kommt, von der Dammbrücke aus gesehen, die Dahme, die hier in die Spree mündet, welche nach hinten rechts weiter in Richtung Berliner Innenstadt fließt.

Am Eingang der Altstadt strahlt links, an der Ecke »Freiheit«, das alte Stammhaus der Köpenicker Bank, die das Gebäude inzwischen wieder übernommen und auf Hochglanz gebracht hat. Wer diese Straße hinunter läuft, trifft jedoch auf ebenso haarsträubenden Verfall, wie er sich auch gegenüber der Laurentiuskirche (1838–41) ausbreitet, die die Straßenbahn nun passiert. An weniger prominenten Stellen der Altstadt ist in den letzten Jahren schon kräftig abgerissen worden. Zwei Ecken weiter folgt hier jedoch das Rathaus, das erst zwei Jahre alt war, als sich 1906 die Geschichte mit jenem arbeitslosen Schuster zutrug, der allein kraft seiner schlecht sitzenden, beim Trödler erworbenen Hauptmannsuniform den Bürgermeister von Köpenick verhaften und die Stadtkasse beschlagnahmen konnte. Und dann ist die Bahn auch schon am Schloßplatz, und damit dem anderen Ende der kleinen Inselstadt angelangt.

Das namensgebende Schloß steht auch noch, und zwar auf einer weiteren, noch kleineren Insel; obwohl doch sicher auch eine »Zwingburg des Feudalismus«, blieb es nicht nur vom Zweiten Weltkrieg, sondern auch vom stalinistischen Palast- und Bildersturm der fünfziger Jahre verschont. An jener Stelle, wo einst der Slawenfürst Jaxa residiert hatte, wurde von den siegreichen Askaniern im 12. Jahrhundert eine eigene Burg errichtet, die der prunksüchtige Kurfürst Joachim II. dreihundert Jahre später zum Jagdschloß ausbauen ließ. 1677–81 entstand dann das heutige Schloß, Rutger van Langevelt (auch »Langenfeld«) hieß der Architekt, der Stil war dementsprechend holländischer Barock.

Nehring, der etwas später den Ursprungsbau des Schlosses Charlottenburg entwerfen sollte, fügte 1682–85 die Kapelle hinzu, 1682 das Portal und 1688 den Galerieanbau. Wer weiß, daß im Barock immer alles auf repräsentative Sichtachsen ausgerichtet wurde, ahnt schon, daß die Anlage nicht ganz vollständig ist: Von einem geplanten Südflügel, der in direkter Verlängerung der Köpenicker Hauptstraße (»Alt-Köpenick«) gestanden hätte, wurden nur die Fundamente gebaut.

Schloß Köpenick führte Jahrhunderte hindurch ein Schattendasein: Der spätere König Friedrich I., der es von seinem Vater, dem »Großen Kurfürsten«, als Hochzeitsgeschenk erhalten hatte, wurde hier nicht allzu glücklich und flüchtete, kurz nachdem er seine zweite Frau Sophie Charlotte geehelicht hatte - woraufhin nie wieder ein Hohenzoller in Köpenick wohnte, sondern das Gebäude als Lehrerausbildungsstätte, Studentenwohnheim, zeitweise sogar als Gefängnis diente. Erst 1963 dann zog hier das Kunstgewerbemuseum ein, das bis auf weiteres auch während der Sanierung des Schlosses wichtige Teile seiner Sammlung zeigt. (Schloßinsel, O-1170 Berlin, Tel. 6 57 15 04/6 57 26 51, Mi. – So. 10 – 18 Uhr)

Am Schloß vorbei fährt die Bahn zur Langen Brücke, von der aus man einen besonders schönen, idyllischen Blick auf die Altstadt hat. Am anderen Ufer liegt der Köllnische Platz. Rechts von ihm erstreckt sich Spindlersfeld: Seinen Namen verdankt es den Fabrikanten Karl und Wilhelm Spindler, die auch in der Berliner Innenstadt ihre Spuren hinterlassen haben: mit dem Spindlerbrunnen auf dem Spittelmarkt und dem nahegelegenen Spindlerhof in der Wallstraße, von dem noch das Frontgebäude steht. In den 1870er Jahren errichteten sie bei Köpenick ihre »Anstalt zur chemischen Reinigung, Wäscherei und Färberei«, die an die 1835 von der Lokallegende Henriette

Lustig begründete Tradition Köpenicks als »Waschküche Berlins« anknüpfte. Nach dem Zweiten Weltkrieg wurde aus der Großwäscherei, die auch diverse Werkswohnungsbauten nach sich zog, der Ost-Berliner Reinigungsmonopolist »Rewatex«, der so mancher berufstätigen DDR-Frau die »große Wäsche« abnahm.

Links liegt die Köllnische Vorstadt, auch sie nicht gerade in bestem Schuß, wie man bei der Fahrt durch die Grünauer Straße sehen kann. Die ganze Strecke bis hinunter nach Grünau verläuft parallel zur Dahme, die früher auch »Wendische Spree« genannt wurde und aus der Gegend zwischen Jüterbog und Luckau kommt. Vor Köpenick ist aber auch sie wieder von Industrie- und anderen Privatgrundstücken gesäumt. So ist das einzig Bemerkenswerte an dieser öden Vorstadtgegend die geringe Breite der Straße, die gerade einmal für zwei Züge ausreicht. Die Autos müssen der Bahn dementsprechend immer hinterherzockeln.

Hinter der Grünauer Brücke, die den Teltowkanal überquert, beginnt Grünau. Der Name hält, was er verspricht: 1749 als Kolonistensiedlung »Auf der grünen Aue« für vier Pfälzer Familien entstanden, wird der Ort noch immer von dichten Bäumen überragt. Im Kaiserreich entwickelte er sich rasch zu einer beliebten Ausflugsgegend und Sommerfrische, wozu die auf der 1867 eröffneten Görlitzer Bahn gelegene Station, zu der 1874 der Vorortverkehr aufgenommen wurde, wesentlich beitrug.

Mit der Uferbahn am See entlang

Vorbei an der Post aus den zwanziger Jahren fährt die Tram durch die Wassersportallee einen kleinen Umweg über den heutigen S-Bahnhof. Wer auf Köpenick gar keine Lust hat oder sehr knapp mit der Zeit ist, kann natürlich auch erst hier in die 86 einsteigen (S 6 von Zoo zirka 45, von Alex 30 Minuten). Die Strecke, die dann folgt, sollte man sich aber auf keinen Fall entgehen lassen. Hier beginnt nämlich die Trasse der »Schmöckwitz-Grünauer Uferbahn«, die die Dorfväter von Schmöckwitz nach einigem Hin und Her 1911 bauen ließen, um die Berliner endlich auch in ihr verschlafenes Fischerdorf locken zu können. Erst am 9. März 1912, ein halbes Jahr nach der Fertigstellung, eröffnet, war der Betrieb sofort so rege, daß man sich schon zwei Mona-

Im »Großraumwagen« aus den Sechzigern

te später zur Elektrifizierung entschloß – da sie »das Landschaftsbild störten«, hatte Grünau zunächst keine Oberleitungen erlaubt, der statt dessen praktizierte Benzolantrieb zeigte sich aber schnell völlig überfordert. Womöglich spielten ästhetische Überlegungen auch bei der Trassierung eine Rolle; jedenfalls wählten die Honoratioren nicht den direkten Weg quer durch den Wald, parallel zur Straße »Adlergestell«, sondern entschieden sich für eine Wegführung an der Dahme entlang, eben eine »Uferbahn«. Auf diese Weise entstand Berlins schönste Straßenbahnstrecke, die freilich in den Köpfen mancher Verkehrsplaner als stillegungswürdig herumspukt: Eine so »janz weit draußen« gelegene Linie sei doch viel besser von einem Omnibus zu bedienen. Warum nur die arme Straßenbahn immer wieder in die Fänge jener gerät, die für sie absolut keinen Sinn haben?

zum Betriebshof an der Schmöckwitzer Endhaltestelle

Vom Bahnhof Grünau, wo sich die Züge an schönen Wochenenden ganz kräftig füllen können, geht es zunächst quer durch den Wald zu den Tribünen der hiesigen Regattastrecke, über die man aus Fachkreisen viel Lob hört. Schon in den 1880er Jahren wurden hier die ersten Wettkämpfe ausgetragen, 1936 ruderte man in Grünau um olympisches Gold, und sollten die Spiele im Jahr 2000 wieder in Berlin stattfinden, wird möglicherweise auch wieder Grünau im Zeichen der fünf Ringe stehen. Nach diversen, teils äußerst repräsentativen Klubhäusern der hiesigen Rudervereine – unter anderem dem Bau des einstigen »Kaiserlichen Yachtclubs« – passiert die Bahn noch das Strandbad, wo es auch wieder einen Bootsverleih gibt. Danach hat man dann endlich freie Sicht auf und über die Dahme, die hier den Langen See bildet; über dem anderen Ufer leuchtet der Müggelturm, ringsherum stehen hohe Bäume. Doch leider trügt auch diese Idylle: Ein Großteil des Waldes ist inzwischen schwer krank.

Erst nachdem sie auch noch die Kolonie Karolinenhof durchquert hat, biegt die 86 dann in das Adlergestell ein. Das hiesige Reifenwerk wurde freundlicherweise ebenso am Ortseingang von Schmöckwitz plaziert wie die Kaufhalle, so daß der alte Dorfkern von den klobigen Bauformen unserer Zeit verschont geblieben ist. Dort, auf dem einstigen Anger, endet die Straßenbahn an einer Wendeschleife, die wohl eine der ältesten Berlins sein dürfte: 1952 wurde sie, ebenso wie ihr noch vorhandenes Gegenstück in der Grünauer Wassersportallee, für die Erprobung eines neuen Zuges auf der »Uferbahn« gebaut. Der vom VEB Waggonbau Werdau geliefert Trieb- plus Beiwagen war aber nicht nur auf Einrichtungsverkehr ausgelegt, sondern auch dreißig Zentimeter breiter als bisher üblich, wofür man auf der Strecke den Gleisabstand vergrößern mußte. Wie die jüngste

Diskussion um eine Anschaffung erheblich breiterer Wagen blieb aber auch der damalige Probebetrieb letztlich folgenlos: 1969 musterte die Ost-BVG die von ihr als »TDE 52« und »BDE 52« bezeichneten Fahrzeuge wieder aus.

Gleich neben der Schmöckwitzer Endhaltestelle steht auf einem Hügel die winzige Kirche, die der Spandauer Maurermeister Abraham Bocksfeld 1799 erbaute (Umbau 1910/11). Die Häuser am alten Dorfplatz sind alle nicht ganz so alt: 1866 hatte es einen großen Brand gegeben, der nahezu den ganzen Ort vernichtete. Der Kirche schräg gegenüber liegt der 1912 errichtete Betriebshof der »Uferbahn«, der aber bereits 1926 wieder geschlossen wurde, nachdem der Vertrag mit dem bisherigen Betreiber ausgelaufen war und die Berliner Straßenbahn die Linie endlich voll in ihr Netz integrieren konnte. Von 1945 bis 1948 diente die ursprünglich viergleisige Anlage, deren beide südliche Tore einer häßlichen weißen Wand gewichen sind, noch für den kriegsbedingten Inselbetrieb. Heute sind hier die von der »Arbeitsgemeinschaft Berliner Nahverkehr« in jahrzehntelanger, mühevoller Kleinarbeit restaurierten und wiederaufgebauten historischen Wagen untergebracht.

Der Betriebshof war (und ist) Teil eines um 1910 errichteten Ensembles von Kommunalgebäuden, zu dem auch die Feuerwache und das Rathaus gehören. Ursprünglich war Schmöckwitz eine Insel, deren Bewohner einst ausschließlich vom Fischfang und von der Bienenzucht lebten. Der spätere gebaute Damm soll allerdings noch vor hundert Jahren alljährlich zur Schneeschmelze überflutet gewesen sein; inzwischen ist er so breit geworden, daß man ihn kaum noch erkennen kann; oder hat es jemand gemerkt, als die Straßenbahn darüber gefahren ist?

Bei Wind gibt's was zu lernen

Wer das Adlergestell in ursprünglicher Fahrtrichtung der 86 hinunterläuft, kommt, vorbei am kleinen Postamt/Ecke »Am Seddinsee«, zur Schmöckwitzer Brücke. Von ihr blickt man gen Süden auf den Zeuthener See der Dahme, am anderen Ufer ist der Berliner Villenvorort, der dem See den Namen gab, zu sehen; nach Norden sieht man linker Hand auf den schon genannten Langen, rechter Hand auf den Seddinsee, der an seinem anderen Ende wiederum über verschiedene Gräben mit dem Dämmeritzsee der Spree verbunden ist. Hier gibt es massenhaft Wandermöglichkeiten, an der Promenade des Seddinsees und dann dem Ufer des Oder-Spree-Kanals entlang gelangt man beispielsweise nach knapp vier Kilometern nach Wernsdorf, wo noch mehr Wald und Wasser warten. Von der Brücke rechts geht es über den fast vollständig bewaldeten Schmöckwitzer Werder bis in die kleine Siedlung Rauchfangswerder, von der man zwar nicht mehr mit der Fähre nach Zeuthen übersetzen kann, aber ein Kleinbus alls zwanzig bis vierzig Minuten zum BVG-Tarif zurück nach Schmöckwitz fährt. Auf der Schmöckwitzer Seite der Brücke findet man einen kleinen Uferpark, außerdem locken zahlreiche Gaststätten für die verschiedensten Ansprüche.

Gleich neben der Brücke kann man sich beispielsweise (außer montags) in dem traditionsreichen Lokal »Zur Palme« niederlassen, das den Eindruck macht, als habe sich hier – dank real-sozialistischer Tatenlosigkeit – eine Ausflugsgaststätte aus dem späten Kaiserreich ziemlich originalgetreu erhalten. So sitzt man draußen, nur knapp über dem Wasserspiegel und unter großen alten Bäumen, natürlich auch noch nicht auf Plastikformstühlen und ähnlichen Scheußlichkeiten, sondern auf

Gartenmöbeln aus Holz und dünnen Metallgestellen. Bei unstetem Wetter kann man sich notfalls unter ein kleines Vordach flüchten, bei zu starkem Wind allerdings auch erfahren, warum Auflugsgaststätten für gewöhnlich Kies- und nicht, wie die »Palme«, Sandbelag haben ...

Wer aus diesem südöstlichsten Zipfel Berlins schnell wieder in die Innenstadt zurück will, wird natürlich in Grünau in die S-Bahn umsteigen. Wer es nicht ganz so eilig hat, der kann eine Haltestelle weiter, gegenüber der Post, die Tram verlassen. Die Wassersportallee endet wenige Meter weiter an der Dahme, wo es eine Fähre in Richtung Wendenschloß gibt. Montags bis freitags fährt sie alle zwanzig Minuten, zwischen 16 und 17 Uhr alle zehn Minuten; am Wochenende verkehrt sie nur halbstündlich. Auch hier gilt der Verbundtarif, man bracht also nicht extra zu bezahlen. Bei der kurzen Überfahrt hat man Richtung Süden noch einmal einen schönen Blick auf die Regattatribünen. Am anderen Ufer angekommen, stößt man nach ein paar Metern geradeaus wieder auf eine Straßenbahn, die 83. (Besonders Wanderhungrige können dieses Angebot auch verschmähen, weiter geradeaus laufen, und werden dann nach etwa zweieinhalb Kilometern und einem für Berliner Verhältnisse kräftigen Anstieg am Müggelturm auf den Müggelbergen landen.)

»Wendenschloß« heißt die Gegend hier, ebenso wie eine zu DDR-Zeiten »Freundschaft« genannte Gaststätte in der Niebergallstraße 20. 1893 errichtet, diente sie unmittelbar nach dem Ende des Zweiten Weltkrieges als Sitz der sowjetischen Kommandantur. Am 5. Juni 1945 wurde hier von Shukow, Eisenhower, Montgomery und Lattre de Tassigny der Alliierte Kontrollrat gegründet, jene für ganz Deutschland gedachte Militärregierung, die bald handlungsunfähig wurde und 1948 dann ganz zerbrach.

Allzugroß ist die vor hundert Jahren entstandene Villenkolonie nicht geworden, schon nach einigen Haltestellen folgen Kleingärten und viele Altneubauten, schließlich auch die Forschungsfelder der Humboldt-Universität und das Funkwerk Köpenick. Kurz bevor die Bahn in die mit Platten bebaute Müggelheimer Straße biegt, passiert sie den hiesigen Betriebshof. 1903 wurde er von der frisch elektrifizierten Köpenicker Straßenbahn erbaut und bot damals zwanzig Triebwagen Platz. Über der alten Halle mit dem – für solche Bauten zumindest in Berlin ungewöhnlich – jugendstiligen Dekor prangt das Köpenicker Wappen mit dem von zwei Fischen umgebenen Schlüssel.

Wenn man die Köpenicker Altstadt bisher nur aus der Straßenbahn betrachtet hat, bietet es sich an, hier auszusteigen. Links am Betriebshof vorbei, die Charlottenstraße hoch, gelangt man durch die anschließende Gartenstraße in den alten Teil des Kietzes, jener Siedlung, die wohl um die Mitte des 13. Jahrhun-

Wartehäuschen in Alt-Schmöckwitz

derts von den slawischen Dienern der askanischen Burg begründet wurde (wie uns die Sprachforscher erklären, soll »Kietz« vom slawischen »chyza« = »Hütte« kommen). In der gleichnamigen Straße, einst Kern des späteren Fischerdorfes vor den Toren Köpenicks, werden die inzwischen schon arg verfallenen Häuser aus dem 18. und 19. Jahrhundert jetzt größtenteils endlich saniert. In anderen Straßen breiten sich dagegen auf »irgendwie alt« getrimmte Plattenbauten aus; erst vor wenigen Jahren eilig zusammengehauen, bröseln die unsauber gearbeiteten Kanten ihrer Fertigteile schon wieder unübersehbar, was den sowieso vorhandenen schäbigen Eindruck noch verstärkt. Nur in der idyllischen Straße Kietz ist auch das alte Katzenkopfpflaster erhalten geblieben, in den recht zusammengewürfelt bebauten Gassen dahinter hat man es durch die aus Neubaugebieten bekannten »Hundeknochen« ausgetauscht.

Die Straße Kietz endet wieder an der Müggelheimer Straße, wo man in die Straßenbahn einsteigen oder auch seinen Spaziergang durch die Altstadt fortsetzen kann, beispielsweise in die gegenübergelegene Amtsstraße hinein, und dann über Alten Markt, Lüdersstraße und Freiheit zur Dammbrücke. Hinter der nahen Laurentiuskirche halten die Züge, die aus der Altstadt in nördlicher Richtung hinausfahren, so auch die 83 und die 86, die dann gemeinsam über die Bahnhofstraße zur S-Bahn-Station Köpenick gelangen.

Wer immer dann noch nicht genug hat, bleibt in der 83 einfach sitzen, passiert zunächst die Köpenicker Vorstadtsiedlungen Dammfeld (links), Wolfsgarten (rechts) und Uhlenhorst (geradezu), um anschließend durch das übriggebliebene Waldgebiet der Damm- bzw. Mittelheide in Mahlsdorf zu landen. Zusammen mit Biesdorf und Kaulsdorf bildet dieser Berliner Ortsteil ein riesiges Siedlungsgebiet aus Kleingartenkolonien,

Brachland, Wochenendhäuschen (pardon: »Datschen«) und eher bescheidenen Eigenheimen; die Straßen hier sind oft nicht mal gepflastert, an dicken Holzpfählen die von oberirdischen Kabeln gespeiste Beleuchtung angebracht. Früher zu Lichtenberg gehörig, wurde Mahlsdorf erst Marzahn, dann der weiteren Bezirksneubildung Hellersdorf zugeschlagen, was genausowenig Sinn macht, denn mit der halbfertigen Trabantenstadt hat dieser Ortsteil ebensowenig zu tun wie mit dem ersten großen Plattenbauparadies.

Ein Museum als Lebenswerk

Kurz bevor die Straßenbahn die Bundesstraße 1/5 überquert (»Alt-Mahlsdorf«), macht der Hultschiner Damm einen Schlenker nach rechts. Hier steht das alte Mahlsdorfer Gutshaus aus dem 18. Jahrhundert. Etwa 1870 umgebaut, bietet es seit dem Ende der 1950er Jahre einer ganz besonderen Sammlung Platz: Charlotte von Mahlsdorf (alias Lothar Berfelde) frönt hier ihrer schon in frühester Jugend entdeckten Leidenschaft für die Möbel und Gebrauchsgegenstände der Gründerzeit respektive des Historismus, die bis in die siebziger Jahre hinein allgemein als Gipfel der Geschmacklosigkeit verpönt waren; in ihrem unstill-

Mit dem »Bundesverdienstkreuz am Bande« geehrt: Charlotte von Mahlsdorf

baren Sammeltrieb schuf sie eine der bedeutendsten Sammlungen zu diesem Gebiet. Sowieso schon immer argwöhnisch beäugt, geriet das Privatmuseum aber endgültig ins Visier der Stasi, als in den siebziger Jahren die Nostalgiewelle losdonnerte und der »alte Plunder« auf einmal wieder begehrt war. Schalck-Golodkowskis Kunstschieber streckten ihre Fühler nach der

Gründerzeitsammlung aus, die der »Firma Horch und Guck« außerdem als einer der wenigen Homosexuellentreffpunkte in Ost-Berlin ein Dorn im Auge war: Zwar hatte man mann-männlichen Sex Anfang der Siebziger legalisiert, aber in ihrer permanenten Hysterie konnte es die unfehlbarste aller Parteien natürlich nicht ertragen, daß sich hier womöglich ein kleiner Gesprächskreis von Gleichgesinnten bildete – übrigens in dem historischen Interieur der »Mulackritze«, eines Lokals im berühmt-berüchtigten Scheunenviertel hinterm Alexanderplatz, das schon in den zwanziger Jahren als Schwulentreffpunkt galt und dessen Einrichtung Charlotte von Mahlsdorf beim Abriß des Hauses in letzter Minute retten konnte.

Doch so sie an solche Aktionen auch gewohnt war, jahrelang in dem völlig verrotteten und bereits für den Abriß ausgeschlachteten Mahlsdorfer Gutshaus wohnte und es in ihrer Freizeit fachgerecht – als gelernter Restaurator – wiederherstellte –, Mitte der siebziger Jahre half nur noch eine Verschenkaktion, um die Sammlung dem Zugriff der Stasi zu entziehen. Über 400 Uhren, 23 komplette Zimmereinrichtungen, eine Näh- und Schreibmaschinensammlung, zahlreiche Grammophone, 15 000 Edisonwalzen und vieles mehr wurden so dank des Wirkens der »staatlichen Organe« in alle Winde zerstreut. Vor allem dem Engagement der Schauspielerin Annekathrin Bürger und des inzwischen verstorbenen Anwalts Karl-Friedrich Kaul ist es zu verdanken, daß das Museum überhaupt überleben konnte.

Immerhin ist noch eine beachtliche Sammlung übriggeblieben bzw. inzwischen wieder aufgebaut worden. Am besten kann das alles – und auch wie die Sache mit dem Schloß Friedrichsfelde kurz nach Kriegsende war – Charlotte selbst erzählen, die dazu ein begnadetes Talent besitzt. Sonntags um elf und zwölf macht sie Führungen, Sondertermine gibt es nach telefonischer Anmeldung. Eintritt wird nicht erhoben, aber man sollte eine kleine Spende dalassen – Charlotte und ihre beiden Mitbewohnerinnen sind drauf angewiesen, denn auch, seit die Stasi abgewickelt ist, sind die Sorgen nicht viel kleiner geworden (Gründerzeitmuseum, Hultschiner Damm 333, O-1147 Berlin, Tel. 5 27 83 29).

Vom Museum aus fährt die Straßenbahn im normalen Planum, eingleisig, am westlichen Fahrbahnrand, womit dies in Berlin die einzige Strecke ist, wo sich eine Tram im direkten Gegenverkehr zu den Autos bewegt. Am S-Bahnhof Mahlsdorf ist kurz darauf Endstation. Unter der Bahn hindurch, die Hönower Straße weiter hinauf, fehlen noch zirka zwei Kilometer bis zur Wendeschleife der neuen Tramtrasse durch Hellersdorf (vgl. Tour 4). Ob diese Verbindung (eventuell auch über die vom Senat favorisierte Ridbacher Straße) jedoch jemals hergestellt wird, hängt davon ab, ob man nicht auch in Mahlsdorf, wie schon einmal »angedacht«, die Straßenbahn einstellt.

Mit der S-Bahn-Linie 5 gelangt man in die Innenstadt zurück.

Fahrzeit Linie 13 Eberswalder Straße – Rummelsburg: 30 Minuten; Linie 82 Rummelsburg – Bahnhof-/Lindenstraße (Platz des 23. April): 32 Minuten; Linie 21 Eberswalder Straße – Bahnhof-/Lindenstraße: 57 Minuten; Linie 86 Bahnhof-/Lindenstraße – Alt-Schmöckwitz: 30 Minuten, von Grünau: 15 – 17 Minuten; S 6 Grünau–Alex: 32 Minuten; Linie 83 Wendenschloß – S-Bahnhof Köpenick: 22 Minuten, bis Mahlsdorf: 40–42 Minuten; S 5 Mahlsdorf–Alex: 26 Minuten, bis Zoo 15 Minuten länger.

TOUR 6

Kaffeetrinken an der Klappbrücke

Linie 87:
Die Woltersdorfer Straßenbahn – Mit Gotha-Wagen durch den Wald – Rangieren mir Fahrgästen – Restaurants zwischen Wald, Wasser und einem Technikdenkmal – Krokodile im Kalksee

Die Gegenden, in denen der Sozialismus fünfundvierzig Jahre lang »real existierte«, wurden von ihm in mancherlei Hinsicht in einen Dornröschenschlaf versetzt. Das Ergebnis läßt einem oft die Haare zu Berge stehen, betrachtet man etwa die Unmengen verrotteter Häuser und vorsintflutlicher Fabriken. Andererseits blieb so manches erhalten, dessen Wert man erst jetzt erkennt. Und viel Unfug, der im Westen in den vergangenen Dekaden gemacht worden ist, blieb dem Osten – bisher – erspart.

So finden sich am Rande des Berliner Weichbildes auch noch drei Überlandstraßenbahnen, die wahre Fossile sind – nicht unbedingt, was ihre technische Ausstattung angeht als vielmehr hinsichtlich ihrer verkehrshistorischen Bedeutung: Die Linien in Strausberg, Schöneiche/Rüdersdorf (Tour 7) und Wol-

Betriebshof Schöneiche: Eldorado für Straßenbahn-Nostalgiker

tersdorf wurden um die Jahrhundertwende von den jeweiligen Kommunen gebaut, um in der einen oder anderen Weise Anschluß an die Metropole zu erlangen. Nicht anders sind dort – wie in anderen Millionenstädten auch – große Teile des ursprünglichen Straßenbahnnetzes entstanden. Wurden die Strecken jedoch im Laufe der Entwicklung irgendwann – wie ihre Gemeinden – von der Hauptstadt geschluckt, so blieben Strausberg, Schöneiche, Rüdersdorf und Woltersdorf selbständig. Und mit ihnen ihre Straßenbahnen Inselbetriebe, die wie eh und je hauptsächlich Zubringerdienste zur S-Bahn erfüllen. In Westdeutschland allerdings hätte man sie spätestens im falschen Fortschrittswahn der sechziger Jahre stillgelegt und durch einen Bus »ersetzt«.

Woltersdorf entstand, wie nahezu alle Orte in der Mark Brandenburg, im 13. Jahrhundert, als Deutsche die hier zwischenzeitlich ansässigen Slawen – von denen sich nur mit den Wenden bzw. Sorben eine kleine Gruppe bis heute behaupten konnte – wieder vertrieben. Die einzige Besonderheit ist bestenfalls die Tatsache, daß die Ansiedlung in Woltersdorf auf ausdrückliches Geheiß des damaligen Markgrafen geschehen sein soll: Aus Woltersdorf nahe Wittenberge kommend, brachten die »Einwanderer« augenscheinlich den Ortsnamen gleich mit (»Köpenick« und »Rahnsdorf« finden sich übrigens auch heute noch nahe ihrer alten Heimat, wie sich überhaupt die Ortsnamen in der Mark häufig wiederholen; man war damals nicht sehr einfallsreich).

Die nächsten Jahrhunderte hindurch geschah nicht allzuviel: Zu dem Bauernhof rund um die Kirche gesellte sich eine Fischerkolonie an den etwas tiefer gelegenen Ufern der Seen, die Schleuse, von der später noch die Rede sein wird, wurde angelegt, man baute Rotwein (!) an und lieferte im 15. und 16. Jahrhundert bis zu dreißig Tonnen davon jährlich nach Köpenick. Dann zog die Pest mehrmals durchs Land, und im Dreißigjährigen Krieg starb der Ort praktisch ganz aus.

Zum großen Aufschwung kam es erst im Schlepptau der sich rasant entwickelnden Reichshauptstadt Berlin, die ihr Umland sowohl mit – mehr oder weniger – kaptitalkräftigen Siedlern als auch mit Erholungshungrigen bevölkerte. Einen besonderen Impuls bedeutete dabei für alle Berliner Randgebiete der am 1. Oktober 1891 eingeführte neue, gegenüber den Fernfahrkarten deutlich billigere Vororttarif bei den Berliner Stadt-, Ring- und Vorortbahnen. Dennoch dauerte es, von den ersten Plänen im Jahre 1888 an gerechnet, sage und schreibe 25 Jahre, bis nach Woltersdorf die erste Straßenbahn rollte, nun gleich elektrisch, allerdings ohne Verbindung mit Schöneiche, dessen Siedlungsgebiet langsam aber sicher mit Woltersdorf verschmolz, oder auch mit Rüdersdorf und Erkner, wohin seit 1876 eine regelmäßige Schiffsverbindung, ab 1882 auch eine Pferdebuslinie bestand.

Dann würde eine Signalanlage auch nichts nützen

Am 29. Juli 1912 wurde von der Gemeinde der Bauvertrag mit der Firma Orenstein & Koppel abgeschlossen, und schon am 17. Mai 1913 ging die regelspurige, 5,6 Kilometer lange Linie in Betrieb. Verändert hat sich seitdem nicht viel: Noch immer ist die Strecke eingleisig, noch immer besitzt sie zwei Kuppelendstellen und zwei Ausweichen, die eine davon im Köpenicker Stadtforst, noch auf Berliner Gebiet, die andere am Thälmannplatz im Zentrum von Woltersdorf . Dort zweigt auch das Verbindungsgleis zum nahen Betriebshof in der Vogelsdorfer Allee (zwischenzeitlich »Dimitroffallee«) ab, das man 1925 zu einer Dreiecksanlage erweiterte, womit sich die Gleislänge von 6,0 auf 6,1 Kilometer erhöhte. Bis heute wird die – wie gesagt: eingleisige – Strecke auch ohne Signalanlage betrieben (wenn man einmal von einer jüngst errichteten Verkehrsampel absieht): Noch einmal bis Ende 1994 wurde die Ausnahmegenehmigung dafür verlängert. Denn wenn man die Ausweiche auf der schnurgeraden Strecke im Wald nicht mehr einsehen könne, so hört man aus dem Betrieb, der seit 1963 mit der Schöneicher Straßenbahn vereinigt war und seit der Reprivatisierung 1990 eine gemeinsame Geschäftsführung mit ihr besitzt, dann würde eine Signalanlage auch nichts nützen.

An der zweiten Ausweiche am Thälmannplatz müssen die Züge meist noch aus einem anderen Grund aufeinander war-

Rangieren mit Fahrgästen am Woltersdorfer Thälmannplatz

ten, der eine weitere Kuriosität darstellt: Hier wird nämlich mit den Fahrgästen im Zug rangiert. Um sich den Schaffner an der Endhaltestelle Schleuse zu sparen – die noch 29 Mitarbeiter zählende Gesellschaft ist seit der »Wende« sowieso von Geldnöten geplagt und stand schon mehrmals kurz vor der Betriebsstillegung –, hängt man den Beiwagen an nicht allzu verkehrsreichen Tagen am Thälmannplatz ab und an den nach Berlin fahrenden Triebwagen gleich wieder an. An schönen Sommertagen muß man auf dieses Erlebnis jedoch meist verzichten: Dann ist die Bahn so voll, daß sie mit dem Beiwagen (zu DDR-Zeiten durchaus auch mit zwei Anhängern) bis zur Schleuse durchfährt, wo dann die Massen über Ausflugslokale, Wanderwege und Badestellen hereinbrechen.

Man sieht schon: Woltersdorf, das man bis heute von Berlin aus per Straße nur über weite Umwege erreichen kann, da es buchstäblich hinter dem Wald liegt, ist eine Reise wert. Seine Straßenbahn, die seit 1991 als Linie 87 im provisorischen Berliner Verkehrsverbund bezeichnet wird, beginnt am S-Bahnhof Rahnsdorf, wohin man vom Zoo in rund fünfzig Minuten, vom Alex in zirka 35 Minuten gelangt. Seit Frühjahr 1992 verkehrt dort die Linie S 3 wieder von Potsdam über die Stadtbahn nach Erkner, die auf ganzer Strecke parallellaufenden Ferngleise sind die wohl wichtigsten Berlins: Nicht nur, daß jahrzehntelang über sie der Interzonenverkehr von und nach West-Berlin abgewickelt wurde, über sie fahren auch die Züge von Paris nach Warschau und weiter nach St. Petersburg, Moskau oder Kiew. Der östliche Ast, die 1842 eröffnete Frankfurter Bahn, die sich ab 1844 »Niederschlesisch-Märkische Eisenbahn« nannte, wurde in den letzten Jahren bis zum einstigen Schlesischen Bahnhof elektrifiziert, der 1950 in »Ostbahnhof« und 1987 (in einem Anfall von 750-Jahr-Feier-Größenwahn) in »Hauptbahnhof«

umgetauft wurde. Wer von dort, dem Ausgangspunkt der 1882 eröffneten Stadtbahn, die in allernächster Zeit ebenfalls mit Oberleitungen versehen werden soll, nach Rahnsdorf fährt, passiert auch die ausgedehnte Anlage des Betriebsbahnhofs Rummelsburg, der für die Bereitstellung der Züge des »höherwertigen Personenverkehrs« zuständig ist.

Besondere Gleise für den Vorortverkehr nach Erkner wurden bereits 1902 gebaut, als man die Strecke gleichzeitig auf einen Bahndamm legte. Zu dieser Zeit entstand auch das Empfangsgebäude in Rahnsdorf nach Entwürfen von Suadicani und Cornelius. Der etwas seltsame Dachaufsatz des in gelben Klinkern errichteten, die märkische Backsteingotik imitierenden Baus ist mitsamt seinem Türmchen längst verschwunden. Ansonsten ist das Gebäude aber vor nicht allzu langer Zeit originalgetreu renoviert worden, und in der kleinen, neben dem Treppenhaus gelegehen Empfangshalle ist der Fahrkartenschalter sogar noch regelmäßig geöffnet; außerdem gibt es zwei Telefone und – man glaubt es kaum – eine Handvoll Schließfächer.

1930 wurde hier der elektrische Betrieb aufgenommen, wovon das große, mit roten Klinkern verblendete Unterwerk für die Stromversorgung, genau gegenüber dem Bahnsteig, zeugt. Im Stil der Neuen Sachlichkeit, ist es eine typische Arbeit von Richard Brademann, der in den zwanziger und dreißiger Jahren der Hausarchitekt der Reichsbahndirektion Berlin war. Wieviel von seinem Schaffen den Wiederaufbau des Berliner Fernbahnnetzes überleben wird, bleibt abzuwarten; in Neukölln fiel kürzlich schon ein ähnliches Unterwerk der Spitzhacke zum Opfer. Ausnahmsweise nicht demontiert wurde dagegen nach Kriegsende das zweite Ferngleis der Frankfurter Bahn: Die Strecke war für den Abtransport der Reparationen in die Sowjetunion viel zu wichtig. Dafür beseitigte man die S-Bahn-Gleise, ebenso eine

Ausnahme, zwischen Ostkreuz und Erkner völlig, so daß hier erst wieder 1948 die rot-gelben Wagen fahren konnten.

Schätze im Depot

Der Bahnhof Rahnsdorf liegt mitten im Wald, es gibt nur eine Busverbindung nach Schöneiche bzw. Wilhelmshagen/Hessenwinkel, ein paar Häuser und eben die Straßenbahn, die mit einem großen Schild auf sich aufmerksam macht und meist schon wartet. Sollte dies einmal nicht der Fall sein, kann man mit eigenen Augen sehen, daß das völlig überwucherte Gleisstück kurz vor dem Prellbock tatsächlich noch benutzt wird und für täglich Dutzende von Rangierfahrten als Kehre dient. Die Züge gehen von frühmorgens bis tief in Nacht alle zwanzig Minuten, die Fahrt bis zur Woltersdorfer Schleuse – seit 1913 ebenfalls unverändert mit sieben Zwischenstopps – dauert neunzehn Minuten. Nachdem es in der Nachkriegszeit hier ein wahres Sammelsurium an Fahrzeugen gab, die von den verschiedensten Betrieben übernommen worden waren, sind inzwischen ausschließlich zweiachsige Gotha-Fahrzeuge (»T 57 bzw. »B 57«) im Einsatz: sechs Trieb- und vier Beiwagen, die zwischen 1959 und 1961 gebaut wurden und fast alle 1977 aus Schwerin nach Woltersdorf kamen. Von den ersten vier Trieb- und sechs Beiwagen, die Orenstein & Koppel 1913 lieferte und die bis Ende der sechziger Jahre im Linienbetrieb fuhren, besitzt man noch je ein Exemplar (der Triebwagen wird auch vermietet). Außerdem kann das Depot mit dem Prototypen des großfenstrigen »Kriegsstraßenbahnwagens« aufwarten, den die Waggonfabrik Uerdingen 1943 baute und der nach seiner Erprobung in Berlin 1944 nach Woltersdorf übergeben wurde; plus eines entsprechenden Beiwagens, Baujahr 44, der 1967 aus Strausberg kam.

Mit der »Überlandstraßenbahn« durchs Grüne

Bei solchen Schätzen träumt man natürlich davon, eines Tages ein kleines Straßenbahnmuseum in Woltersdorf einrichten zu können. Und bis es soweit ist, fährt man – sozusagen als Vorgeschmack und demonstrativ mit Zielschildern in Frakturschrift – erst einmal weiter mit den alten Gotha-Wagen herum. Immerhin haben diese Stoßdämpfer – anders als die »Reko«-Fahrzeuge in Schöneiche-Rüdersdorf, die man so bald als möglich loswerden möchte. Und dann wird ja in Woltersdorf auch nur mit maximal dreißig Stundenkilometern dahingezockelt.

Kein Museumsstück, sondern einsatzbereites Winterfahrzeug

Warum auch nicht: Schönblick, der Woltersdorfer Ortsteil, den man nach der Fahrt durch den Wald als erstes erreicht, ist ein schmucker Vorort. Er entstand um 1910, wie die meisten Landhaussiedlungen oder Villenkolonien, indem ein Spekulant Boden erwarb, ihn parzellierte und dann stückchenweise mit Gewinn weiterverkaufte. Zwischendurch ist ein größeres Feld noch unbebaut geblieben, dahinter die Grundinstandsetzung der Berliner Straße, auf der die Bahn fährt, im Sommer 1992 schon abgeschlossen; neben neuen Laternen hat man das Dorf hier auch mit schnörkeligen Straßenschildern verschönt. Aus der bisher ziemlich kahlen Strecke wird eine von hohen Bäumen gebildete Allee, das Gleis gelangt vom eigenen Bahnkörper in das normale Straßenplanum, wo es von nun an – mal am linken, mal am rechten Fahrbahnrand verlaufend – dafür sorgen wird, daß sich die Tram oft im direkten Gegenverkehr zu den Autos bewegt.

Hinter dem Thälmannplatz, wo ein sowjetisches Kriegerdenkmal zwischen ziemlich verwilderten Soldatengräbern steht, passiert die 87 dann den alten Ortskern mit efeubewachsenem Rathaus, Schule und Kirche. Sind all diese Gebäude nur rund 100 Jahre alt, kann der Dorfkrug gegenüber auf 450jähriges Bestehen zurückblicken. Heutzutage gibt es dort durchgehend warme Küche und Samstag abends Tanz; Damen haben freien Eintritt.

Zwischen Kirche und Gasthof wird die Strecke aber auch zur Berg- und Talbahn: Vorbei am Bauersee, von dem man linker Hand hinter Häusern und Gärten kaum etwas sehen kann, geht es steil bergab in eine glücklicherweise sanfte Kurve, mit der die Schleusenstraße beginnt. Links liegt, die Strecke steigt bald wieder etwas an, in einer Baracke die Gemeindebibliothek, daneben in einem ausgedienten Werkstattgebäude ein Billigsupermarkt. Repräsentativer ist das »Haus Gottesfrieden« auf der anderen Straßenseite: Das evangelische Krankenhaus ist aus einem 1896 entstandenen Sanatorium hervorgegangen. 1926 übernahm es der »Jugendbund für entschiedenes Christentum«, der hier, wie eine Tafel verkündet, noch immer ein »Begegnungs- und Bildungszentrum« sowie eine Buchhandlung betreibt. Während des Sommers gibt es im Garten Serenadenkonzerte.

Auch sonst scheint diese Ecke das kulturelle Zentrum Woltersdorfs zu sein: In der Schleusenstraße 41 gibt es seit kurzem eine Galerie, die nach ihrer Besitzerin, einer Frau Leetz, »Das Leetzte« verspricht. Und an der schattigen Endhaltestelle, die

die Bahn nach einer weiteren Talfahrt erreicht, findet sich ein Buchladen. Unmittelbar hinter dem Ende der Gleise liegt die Schleuse, welche von einer schmalen, holzbedeckten Klappbrücke überspannt wird. Rechts breitet sich der Flakensee bis nach Erkner aus, wo das alte Teerwerk die Bäume überragt, was einen eigenartigen Bruch in dieser idyllischen Landschaft darstellt. Links liegt ein kleiner Teich, der sich nach einigen hundert Metern zum Kalksee ausweitet, welcher bis nach Rüdersdorf reicht.

Rüdersdorf und seinem Kalkvorkommen verdankt nicht nur der See seinen Namen, sondern auch die Schleuse ihre Existenz: Bereits 1550 wurde die erste gebaut, um die 2,30 Meter Höhenunterschied vom Kalk- zum Flakensee auszugleichen und die Rüdersdorfer Baumaterialien übers Wasser transportieren zu können. Die heutige Schleuse stammt aus dem Jahre 1882, ist 7,5 Meter lang, 9,5 Meter breit und geeignet für Schiffe bis zu 850 Tonnen. Wie seit Jahrzehnten schon, kann man auch heute noch mit dem Ausflugsdampfer hierher fahren, etwa vom Hafen der Stern- und Kreisschiffahrt am S-Bahnhof Treptower Park. Natürlich kommt man von Woltersdorf per Schiff auch wieder in die Hauptstadt zurück.

Die DDR ebenso wie ihr Ende haben die zahlreichen Gaststätten rund um die Schleuse recht gut überstanden: Zwar sind einige noch geschlossen, in andere wurde bislang wegen ungeklärter Besitzverhältnisse kaum investiert. Aber dennoch gibt es hier eine für den Osten und das Umland Berlins ungewöhnlich große Zahl von Restaurants und Cafés, die unterschiedlichste Bedürfnise befriedigen: Auf der Straße sitzen und das Rangieren der Bahn beobachten kann man hier ebenso wie seinen Kaffee direkt am Wasser schlürfen.

Ein besonderes Rinnsal

Für aktivere Gemüter empfiehlt sich ein Aufstieg auf den 96 Meter hohen Kranichsberg: Jenseits der Schleuse läuft man die halb rechts abgehende Straße hinauf. An einem der beiden Woltersdorfer Zeltplätze vorbei, führt sie am Flakensee entlang bis nach Erkner; zirka vier Kilometer ist der Weg bis zum dortigen S-Bahnhof lang. Wer aber nicht in den einstigen Wohnort Gerhart Hauptmanns (mit entsprechendem Museum, versteht sich: Gerhart-Hauptmann-Straße 1 – 2, O-1250 Erkner, Tel. 0 33 62/36 63, Di. – So. 11 – 17 Uhr) will, sondern auf den genannten Berg, nimmt die schon kurz hinter der Schleuse links abzweigende Treppe zum »Maiwiese« genannten kleinen Festplatz mit Freilichtbühne und gelangt dann auf einen extrem sandigen Weg (Stöckelschuhe aus –, Wanderstiefel anziehen!). Nach etwa einer Viertelstunde kommt man so zum 25 Meter hohen Aussichtsturm, der seit kurzem wieder der Öffentlichkeit zugänglich ist (allerdings nur bis etwa 15 Uhr) und einen herrlichen Rundblick über die wald- und seenreiche Gegend ermöglicht. Vor der Wende haben nur Feuerwehrleute, Soldaten und schließlich Stasischnüffler die Aussicht genießen können.

Der Vorgänger des 1960 errichteten Turms wurde kurz vor Kriegsende von der Wehrmacht zerstört. Errichtet hatte ihn der »Verschönerungsverein«, der 1884 von einigen aus Berlin übergesiedelten Honoratioren gegründet worden war. Auf sein Konto gehen auch die schon erwähnte »Maiwiese«, die Strandpromenade am Flakensee, ferner Wanderwege und Anlegestellen und, last but not least, die Einfassung eines Rinnsals ganz spezieller Art: »Aus märkischem Sand entspring ich hell, als Labetrunk und Liebesquell«, verheißt eine Tafel über dem klaren Wasser, das zeitweilig sogar verkauft worden sein soll. Wenn man sich

nach Überqueren der Schleusenbrücke links hält, kann man die Quelle nicht verfehlen. Läuft man in diese Richtung weiter, kommt man nach zirka vier Kilometern in Rüdersdorf an, von wo man mit einer anderen Überlandstraßenbahn wieder nach Berlin zurückfahren kann (vgl. Tour 9). In dieser Gegend drehten in den zehner und frühen zwanziger Jahren Regisseure wie Joe May oder der damals sehr populäre »Sensationsdarsteller« Harry Piel einige ihrer rührend-trivialen Abenteuerspektakel wie »Herrin der Welt«, »Das indische Grabmal« und »Der Tiger von Eschnapur«. Seit 1991 werden sie in sommerlichen Stummfilmnächten auf der Maiwiese gezeigt. Am Kalksee, wo damals in einer Bucht auch Krokodile zu Kinozwecken gehalten wurden, soll man noch immer überwucherte Reste der Filmkulisse finden können. Die Abenteuer unserer Tage gilt es dagegen wohl eher im Rüdersdorfer Seebad zu bestehen, das man auf halbem Wege in die Kalkstadt passiert und das trotz mancher Bedenken, die in jüngster Zeit hinsichtlich der Wasserqualität geäußert worden sind (und trotz der Tatsache, daß Woltersdorf keine Kanalisation hat . . .), noch in Betrieb ist.

In Woltersdorf gibt es dagegen keine offiziellen Badestellen mehr. Der Ort, der zu DDR-Zeiten mehr als einhundert Ferieneinrichtungen besaß, macht sich – mit Unterstützung des wiedergegründeten »Verschönerungsvereins« – gerade erst an die Modernisierung der touristischen Infrastruktur. Der Ort hat's nötig: Von der Fabrik, die einst mit 250 Beschäfigten den gesamten RGW mit Kleinlötkolben versorgte, ist nur ein kleiner Betrieb übriggeblieben, ein Werk für Schweißanlagen ist ganz abgewickelt worden, was sich zwischenzeitlich – verbunden mit dem zurückgehenden Pendlerverkehr von und nach Berlin – auch auf die Fahrgastzahlen der Straßenbahn äußerst negativ auswirkte. Neue Industrieansiedlungen soll es jedoch besten-

falls in kleinstem Rahmen geben, auch Golfplätze oder eines jener riesigen Einkaufszentren, mit denen inzwischen jede zweite Berliner Umlandgemeinde ihre Felder zupflastern will, sind bisher nicht geplant. Der Ort setzt auf den Fremdenverkehr, die Ausflügler und den Zuzug von Berlinern, auch aus dem Westen der Stadt, wohin inzwischen manch einer der fünftausend Woltersdorfer zur Arbeit fährt.

Fahrzeit S 3 Alex – Rahnsdorf:
33 Minuten, von Zoo 15 Minuten mehr; Linie 87: 20 Minuten.

TOUR 7

Mit »Schüttel« zu Berlins Negativform

Linie 88:
Die einzige Meterspurbahn – Das zerbröselte Schloß – Heimathaus mit schwarzer Küche – Bizarre Denkmäler – Das Loch, aus dem Berlin entstand – Ein Tempelchen im Stalinstil
(Achtung: Ab zirka 18.30 Uhr verkehrt diese Bahn nur noch stündlich!)

Unter den drei Überlandstraßenbahnen im provisorischen Berliner Verkehrsverbund (vgl. die Touren 8 und 10) ist die Schöneicher-Rüdersdorfer mit 14,5 Kilometer Linienlänge die größte. Man erreicht sie mit der S-Bahn-Linie 3 in zirka 45 Minuten vom Bahnhof Zoo und in knapp 30 Minuten vom Alexanderplatz; hält man sich beim Verlassen des Empfangsgebäudes in Friedrichshagen, das 1902 im Stil der märkischen Backsteingotik errichtet und wegen des Ausflugsverkehrs mit einer extrem breiten Treppe versehen wurde, gleich links, sieht man die 88 meist schon bereitstehen.

Wahre Straßenbahnfans steigen natürlich schon zwei S-Bahn-Stationen früher, in Köpenick, aus und fahren mit der Tram

Mehr als ein Abenteuerspielplatz: alter Kalkofen in Rüdersdorf

hierher, die sie zwei Querstraßen weiter, an der Seelenbinder-/Ecke Bahnhofstraße, erreichen. Dabei ist die Linie 25 eher zu empfehlen als die 84: Beide fahren zunächst die Seelenbinderstraße hinunter, vorbei am Mandrellaplatz, wo rechter Hand das Amtsgericht liegt. In seinem hofseitigen Zellengefängnis trieb die SA im Juni 1933 Dutzende Nazigegner zusammen, folterte und ermordete sie; dieser Gewaltexzeß ist als »Köpenicker Blutwoche« in die Geschichte eingegangen. (Gedenkstätte: Puchanstraße 12, O-1170 Berlin, Tel. 6571467, Di. – Do. 9 – 12 + 13 – 18 Uhr)

Vorbei an dem langgestreckten, neu-sachlichen Polizeigebäude von 1930 gelangen die beiden Straßenbahnlinien dann aus der immer unwirtlicher werdenden Köpenicker Damm-Vorstadt nach Hirschgarten. Hier handelt es sich um eine 1870 gegründete Villenkolonie, von der rund um den Fürstenwalder Damm jedoch wenig zu sehen ist: Dort dominieren Mietshauszeilen aus den fünfziger Jahren. Am Hirschgartendreieck, einem Waldrest, gabeln sich die beiden Linien dann. Während die 84 direkten Kurs auf den Bahnhof Friedrichshagen nimmt, fährt die 25 zunächst den Müggelseedamm entlang. Dieser verläuft zwar parallel zur Spree, doch wie so oft gerade in Berlins Außenbezirken ist davon kaum etwas zu sehen: die Grundstücke reichen bis ans Wasser heran. Kurz vor dem Großen Müggelsee, mit 7,5 Quadratkilometern Berlins größtem Gewässer, biegt der Zug dann in die Bölschestraße ein.

Dichterzirkel oder Umstürzlerkreis?

Sie ist die Hauptachse der Villenkolonie Friedrichshagen, die ihre Entstehung wie ihren Namen Friedrich II. verdankt, der hier 1753 hundert Familien Baumwoll- und Seidenspinner ansiedeln ließ –

ob diese nun aus der Pfalz, Böhmen und/oder Sachsen kamen, darüber streiten die Quellen sich. Feststeht hingegen, daß die einstmals quer durch den Wald geschlagene Bölschestraße ihre besondere Breite den Maulbeerbäumen für die Seidenraupenzucht verdankt, von denen sie gesäumt wurde. Natürlich hieß die Allee früher auch Friedrichstraße. Wilhelm Bölsche bereitete den alteingessenen Bewohnern dagegen noch vor hundert Jahren einigen Verdruß mit dem Friedrichshagener Dichterkreis, dessen prominentes Mitglied er war. Noch heute wird die Gruppe von den einen als Kreis sozialkritischer, naturalistischer Schriftsteller beschrieben, von den anderen als Ansammlung anarchischer Weltverbesserer, die in dem abgelegenen Dorf hofften, ungestört ihre Pläne für die Weltrevolution schmieden zu können. Jedenfalls waren neben Bölsche auch Bruno Wille und die Brüder Heinrich und Julilus Hart, Gründer der »Freien Volksbühne«, in Friedrichshagen ansässig. Gerhart Hauptmann kam aus Erkner des öfteren herüber, und auch Max Halbe, Peter Hille, Frank Wedekind, Arno Holz, Gustav Landauer und Erich Mühsam, selbst August Strindberg, werden als einige genannt, die sich bei den Friedrichshagenern blicken ließen.

Vom See zum Bahnhof hin pulsiert das Leben in der Bölschestraße immer mehr. Die vielen alten Häuser, die sich allerdings nur in der veränderten und aufgestockten Form des 19. Jahrhunderts erhalten haben, stehen in hartem Kontrast neben vierstöckigen Mietshäusern aus der Zeit der Jahrhundertwende. Am Bahnhof finden sich das ehemalige, rund hundert Jahre alte Rathaus (heute Polizeiwache), die Post, deren Inneres sich offenbar seit den zwanziger/dreißiger Jahren nicht wesentlich verändert hat, und ein Kino, dessen bloße Existenz (zumal mit fünfhundert Plätzen!) in diesem schon ziemlich weit draußen gelegenen Stadtteil anachronistisch erscheint. So ungefähr auf

Historische Straßenbahnwagen, Baujahr 1928,

halbem Wege, am einstigen Dorfplatz, steht außerdem die Christopheruskirche von 1901/03, deren einstmals 64 Meter hoher Turm nach 1972 entstandenen Orkanschäden jedoch nicht wiederaufgebaut wurde. Friedrichshagen, das zu DDR-Zeiten eine der besten Ostberliner Wohngegenden war, hat auch einmal eine eigene Straßenbahn besessen: Gegründet von

im Betriebshof Schöneiche

einem Ingenieur Kreyfeld aus Halle/Saale, wurde sie nach nur wenigen Wochen Bauzeit am 15. Mai 1891 in Betrieb genommen. Im Sommer verkehrte die 1,5 Kilometer lange Tram, die vom bereits 1849 eröffneten Bahnhof durch die jetzige Bölschestraße zum Restaurant »Bellevue« am Müggelsee führte, mit Dampf, im Winter mit Pferdekraft; sechs – im Sommer wie im Winter benutzte – Wagen und anfangs zwei, später drei Loks standen dafür zur Verfügung. Nachdem im Juli 1894 der Dampfbetrieb eingestellt worden war, kaufte die Gemeinde im Herbst die Bahn und eröffnete zum Jahreswechsel eine Verlängerung den heutigen Müggelseedamm hinauf bis zum Wasserwerk, das heute ein Technikdenkmal ist und besichtigt werden kann (Müggelseedamm 307, O-1162 Berlin, Tel. 6449368/6449252, Di. – Fr. 10 – 15, So. 10 – 17 Uhr, Führungen nach Voranmeldung). Außerdem wurde die Strecke in der Bölschestraße zweigleisig ausgebaut. 1906 erwarb dann die Stadt Köpenick die nun 2,35 Kilometer lange Linie, elektrifizierte sie und schloß sie mit Verbindungsstrecken über Fürstenwalder und Müggelseedamm an ihr eigenes Netz an.

Aussteigen und schieben!

Obwohl die Friedrichshagener Bahn gleichzeitig von Meter- auf Regelspurweite (1435 mm) umgebaut worden war, entschlossen sich die Ortsväter von Schöneiche kurze Zeit später zum Bau einer Bahn, die heute in und um Berlin das einzige Personennahverkehrsmittel auf Schmalspur (1000 mm) ist, was eine Verbindung mit dem nur wenige Meter entfernten Berliner Netz unmöglich macht. Auch sonst zeigten sich die Honoratioren nicht sehr weitsichtig: Als am 28. August 1910 der Betrieb auf der etwa 5,6 Kilometer langen Strecke zwischen dem Bahnhof Friedrichshagen und der Schöneicher Dorfstraße aufgenommen wurde, führte man ihn mit einer benzolbetriebenen Motorlok durch, die nur eine Leistung von 18 PS (13,3 kW/h) besaß. Schon kurz darauf schaffte man sich eine weitere Lok an, die nun immmerhin 60 PS (44,1 kW/h) stark war; der Wagenpark bestand aus sechs Fahrzeugen, von denen man vier – Baujahr 1886! – aus Leipzig übernommen hatte. Doch wenn ihre Benutzer diese Bahn auch freundlich als »Benzoline« bezeichneten, sollte sich ihr Antriebsmittel doch spätestens ab dem 5. November 1912 als völlig untauglich erweisen, als die zirka 7,7 Kilometer lange Anschlußstrecke nach Kalkberge (Rüdersdorf) eröffnet worden war. Vor allem die Steigungen vor und in diesem Ort konnten die drei Kalkberger 60-PS-Loks, die ebenfalls von der Gasmotorenfabrik Otto in Köln-Deutz kamen und denen jeweils zwei Beiwagen zur Verfügung standen, kaum bewältigen. Nach zeitgenössischen Berichten soll es sogar gelegentlich vorgekommen sein, daß die Fahrgäste aussteigen und schieben mußten.

So wurde die Linie, nach nicht einmal vier Jahren, am 30. Mai 1914 auf elektrischen Betrieb umgestellt. Zu 86 Prozent war die Strecke übrigens damals schon mit einer Kettenfahrleitung ausgestattet, die einen Mastenabstand von neunzig Metern ermöglichte. 1918 wurde der Betrieb von den Gemeinden auf eine GmbH übertragen. 1926–28, in der kurzen Phase des Aufschwungs, konnte man dann den Abschnitt durch die Krummendammer Heide zweigleisig ausbauen, etwas später auch das Teilstück Schillerstraße–Grätzwalde und in »Berghof, Weiche« die namensgebende Begegnungsstätte zweier Züge anlegen, so daß ein 20-Minuten-Verkehr möglich wurde. Auch als die Straßenbahngesellschaft nach dem Zweiten Weltkrieg aufgelöst wurde und verschiedene »volkseigene« Organisationsformen folgten, entwickelte sich der Betrieb weiter: Der zweigleisige Ausbau wurde fortgesetzt, die bisher über die Friedrichshagener Straße verlaufende Strecke begradigt, indem man sie auf einen eigenen Gleiskörper quer durch den Wald verlegte. 1960/61 kamen die beiden Wendeschleifen hinzu, und ungefähr zur gleichen Zeit begann man damit, sich seinen völlig überalterten Wagenpark selbst neu zu bauen.

Harte Zeiten brachen für die Straßenbahn erst an, als sie 1969/70 in den VEB Kraftverkehr Fürstenwalde zwangsintegriert wurde, womit der Betrieb nicht nur faktisch unter Vormundschaft gestellt, sondern auch der Einflußnahme der anliegenden Gemeinden völlig entzogen wurde. Wie noch heute in Schöneiche beklagt wird, wurde ihnen von den Fürstenwaldern Interesse bestenfalls insofern entgegengebracht, als man eine Weiterentwicklung verhinderte und die Straßenbahn dazu verurteilte, von der Substanz zu leben. Dummerweise hatte man auch erst die Hälfte der alten Trieb- und Beiwagen »rekonstruiert«. Nun sprang das Reichsbahnausbesserungswerk Schöneweide ein, das schon für die Berliner Straßenbahn die »Reko«-Wagen geschaffen hatte. Derartige Fahrzeuge baute man nun auch für Schöneiche, wo sie allerdings ganz und gar nicht geeignet waren: Die »TZ 70« und »BZ 70« besitzen kein eigenes Fahrgestell, keine Stoßdämpfer, wegen ihrer starren Rahmen sind sie sehr laut; vor allem aber handelt es sich um Zweiachser. Bis dato hatte man in Schöneiche wohlweislich immer nur vierachsige Fahrzeuge verwandt, zumal bei dem geringen Radabstand der Schmalspur die Wagen sowieso zum Schaukeln neigen. Mit den »Rekos« aus Schöneweide und den ähnlich aussehenden Gotha-Wagen aus den sechziger Jahren, die man Ende der achtziger aus Görlitz und Cottbus übernehmen mußte, nachdem es für die Eigenbauten keine Ersatzteile mehr gab, fuhr man in Schöneiche aber auch noch schneller als eigentlich bedacht. Alles in allem führte dies zu erheblichen Gleisschäden durch die sich aufschaukelnden Wagen, derweil die Instandhaltungsmittel immer mehr gekürzt wurden. Parallel zur DDR ging es so auch mit der Schöneicher Straßenbahn rapide bergab: Die Entlohnung blieb immer mehr hinter der allgemeinen Entwicklung zurück, als 1987, zur 750-Jahr-Feier, Fahrer nach Berlin abgegeben werden mußten (von wo sie teilweise nicht zurückkehrten) , wurde eine Ausdehung des Taktes auf vierzig Minuten unumgänglich; mindestens einmal im Monat entgleiste ein Zug.

Wenn die Bonner kommen

Waren die Fahrgastzahlen angesichts solcher Zustände bereits drastisch zurückgegangen, brachte die »Wende« einen noch stärkeren Einbruch: Wie ganz Ostdeutschland sind auch Schöneiche und Rüdersdorf von Arbeitslosigkeit, Abwanderung und Autoboom überrollt worden. Rund 3000 Fahrgäste zählt man heute noch pro Tag, wobei die Zahlen wegen der Pendler Richtung West-Berlin schon wieder steigen (vor dem Mauerbau sorgten sie sogar dafür, daß die Tram ab Schöneiche alle zehn Minuten fuhr). Anders als in Woltersdorf (siehe Tour 8), mit dessen Bahn man seit 1963 zusammengeschlossen war und seit der Reprivatisierung noch eine gemeinsame Geschäftsführung besitzt, sind die Wagen in Schöneiche/Rüdersdorf am Wochenende noch leerer als werktags: teils ist die Umgebung für Ausflügler zu unattraktiv, teils die Infrastruktur einfach zu schlecht. Schon mehrmals stand die Linie, die dem Kreis und den Kommunen gehört und heute noch 62 Beschäftigte zählt, kurz vor der Betriebseinstellung, weil die Kassen einfach leer waren. Auf eine Beteiligung Berlins wartet man im Sommer 1992 noch vergeblich.

Doch eine vorübergehende Stillegung käme teurer als die derzeitige Durststrecke zu überbrucken, und an seine Zukunft glaubt man fest: Man hofft auf den Wiederaufbau der Gastronomie (vielleicht würden Betriebsausflüge dann auch öfter mit dem vierachsigen Ammendorfer Triebwagen von 1928 unternommen, den man schon jetzt mieten kann) und auf vermehrten Hausbau, auch für Bonner Beamte, deren Kinder zumindest die Bahn benutzen würden. Und wenn die erst mal mit 60, langfristig 70, statt mit 45 Stundenkilometern durch den Wald donnert, könnte sie auch dem Auto Konkurrenz machen. Ganz oben auf der Tagesordnung steht jedoch erst einmal, sich wieder vierachsige Fahrzeuge zu verschaffen; mit gebrauchten Tatra-Gelenkzügen (KT4D), die man im Zweifelsfall wieder in der eigenen Werkstatt modernisieren müßte, wäre man schon ganz zufrieden.

Neue Wagen sind auch wirklich dringend nötig, wie man schon kurz nach Fahrtbeginn feststellen kann: Trotz aller Gleisarbeiten in jüngster Zeit besitzt die 88 ihren Spitznamen »Schüttel« noch immer zu recht. Auf der langen Fahrt durch den »Krummendammer Heide« genannten Wald wird man kräftig durchgerüttelt, die Bahn macht einen so fürchterlichen Lärm, daß man kaum sein eigenes Wort versteht, und verbiegt mit ihrem Schaukeln die gerade erst erneuerten Schienen schon wieder.

Schöneiche, das man nach etwa zehn Minuten erreicht, ist ein hübscher Vorort. 1898 ließ der damalige Gutsherrr Forstflächen parzellieren und veräußern, wodurch die »Waldgartenstadt« entstand, die diesen Namen verdient: Viele der Waldbäume sind stehengeblieben, was der ganzen Siedlung einen beschaulichen Charakter verleiht. So auch am Goethepark, einer Platzanlage, wo sich darüber hinaus noch ein barockisierendes Wartehäuschen der Straßenbahn befindet. Kurz danach wird die Strecke eingleisig, hinter der nächsten Haltestelle

Schöneiche, alte Schloßkirche

passiert die Tram ihren 1914 angelegten Betriebshof; etwa an dieser Stelle beginnt das alte Dorf.

Dort, wo die Bahn am ehemaligen Dorfkrug nach rechts abbiegt, lag die ursprüngliche Endhaltestelle »Schloß«. Das war nicht zuviel versprochen: 1763 ließ der damalige Hofbankier Friedrichs II., der das Gut Schöneiche erworben hatte, ein Gutshaus errichten, das es immerhin auf elf Achsen Länge und fünf Achsen Breite brachte und mit einem Delfter Kachelsaal sogar über etwas Glanz verfügte. Wie sie es schon mit diversen anderen Besitzungen in ihrem Umkreis gemacht hatte, kaufte die Stadt Berlin 1928 auch das Gut Schöneiche, um seine Flächen umzufunktionieren. Das sollte dem Schloß letztendlich zum Verhängnis werden, denn nachdem es zur Ausbildungsstätte umfunktioniert worden war, diente es im Krieg der Schulung von »Blitzmädels«, wie die Nachrichtenhelferinnen der Wehrmacht genannt wurden. Für die sowjetische Militärregierung war der Barockbau damit zum »Nazi-Besitz« geworden und zum Abschuß freigegeben: »Umsiedler«, wie man die aus deutschen Ostgebieten Vertriebenen schamhaft nannte, sollten das Schloß als Baumaterialquelle benutzen können. Daraus wurde nicht allzuviel: Man hatte übersehen, daß die alten Ziegel rasch zerfielen, wenn sie erst einmal aus dem Verbund gerissen und mit Luft in Berührung gekommen waren. Später, als der DDR der Palast- und Bildersturm ihrer frühen Jahre, dem Hunderte von Schlössern und Gutshäusern zum Opfer fielen, peinlich war, wurde dann behauptet, das Gebäude sei »durch Kriegseinwirkung schwer geschädigt gewesen«. Ältere Schöneicher erinnern sich hingegen daran, daß es – gut erhalten – noch 1946 als Lazarett diente, während im Ort eine Typhusepidemie grassierte.

Erhalten geblieben ist immerhin die gleichfalls barocke Schloßkirche, aus einem Feldsteinbau des späten Mittelalters

1725 zur heutigen Form umgebaut und erweitert und gerade erst restauriert worden. Durch die schmale, von hohen Bäumen überschattete Verlängerung der Dorfstraße gelangt man zu ihr. Die gegenüberliegenden einstigen Stallungen des Gutshofs wurden dagegen erst 1991 durch Brandstiftung zerstört. Möglicherweise werden sie wiederaufgebaut, falls Pläne, das alte Schloß als Hotel neuerstehen zu lassen, Wirklichkeit werden sollten. Zugleich hofft man, den verwilderten Schloßpark wiederherstellen zu können.

Der Alptraum des ADAC

Mit der Kurve am Dorfkrug ist die Bahn von ihrem seperaten Gleiskörper ins Straßenplanum gelangt. Das Pflaster hier ist sowieso schon der Alptraum des ADAC, und dazu auch noch eine Bahn, die, da eingleisig, in Richtung Rüdersdorf den Autos direkt entgegenkommt. Vorbei an einem unmittelbar an der Straße gelegenen Hof, auf dem Hühner picken, rumpelt die Tram nach wenigen Metern über eine kleine Brücke. Sie führt über das Fredersdorfer Mühlenfließ, das bis 1939 die Grenze zwischen dem Gut Schöneiche und dem Dorf Kleinschönebeck darstellte. »Dorfaue« heißt denn auch die nächste Haltestelle.

Hinter der großen Wartehalle der Straßenbahn findet sich das einstige Zentrum des Ortes; noch heute ein Anger, läßt es sich auch an der alten Kirche und dem winzigen Feuerspritzenhäuschen erkennen. Außerdem liegt hier das Heimathaus, ein schilfgedecktes Bauernhaus aus der Mitte des 18. Jahrhunderts, das erst vor einigen Jahren restauriert wurde. Der Verfall des bis zirka 1945 bewohnten Fachwerkbaus war freilich so weit fortgeschritten, daß es vollkommen auseinandermontiert, schadhafte Teile in alter Bauweise ausgetauscht und dann wieder zusammengesetzt werden mußte – alles mit 16 000 Stunden Freizeitarbeit des örtlichen Arbeitskreises Denkmalpflege. Neben einer kleinen Schau zur Ortsgeschichte ist vor allem die originalgetreue Inneneinrichtung sehenswert, die einen Eindruck davon vermittelt, wie die Menschen hier vor 250 Jahren gelebt haben. Als besondere Attraktion gilt dabei die original erhaltene »schwarze Küche«, ein zentraler, für den Rauchabzug oben offener Raum, in dem gekocht und geräuchert wurde. Bestenfalls durch Max und Moritz' Hühnerklau bei der Witwe Bolte ist eine solche, früher alltägliche Einrichtung heute noch bekannt. (Besichtigung des Hauses über Heinz Biskup, Tel. Berlin 6 49 80 70.)

Wenn auch die anderen Häuser an der Dorfaue nicht so alt sind: Viele der schon damals hier beheimateten Familien leben noch heute in dem Ort. Die gehobene Mittelschicht, die sich in der »Waldgartenstadt« ansiedelte, wechselte dagegen häufiger mit den politischen Systemen; Ärzte, Künstler oder Wissenschaftler blieben aber als soziale Gruppe dominierend. Doch auch ganz profane Volksbelustigung war einst in Schöneiche zu finden: Von der Haltestelle Dorfaue, in deren Nähe man hofft, die mickrige Kaufhalle bald durch ein größeres Einkaufszentrum ergänzen und den Ort wieder etwas mehr beleben zu können, führt die Brandenburger Straße (vormals »Ernst-Thälmann-Straße«, davor »Adolf-Hitler-Straße«, davor »Kaiser-Wilhelm-Straße«) nach Fichtenau, wo Post und Apotheke liegen und 1934 auch das heutige Schöneicher Rathaus entstand. Die 1892 angelegte Kolonie, die als Enklave in den Berliner Stadtforst hineinragt und nicht allzuweit vom Bahnhof Rahnsdorf entfernt liegt, war einst bekannt für ihre zahlreichen Ausflugsgaststätten, die häufig mit Kegelbahnen ausgestattet waren. Als sie nach dem Krieg die staatliche HO übernahm, wurde auch für ihre Erhaltung wenig getan. So schloß, nicht zuletzt wegen baulicher Mängel, ein Etablissement nach dem anderen seine Pforten. Heute gibt es in ganz Schöneiche, das etwa 8500 Einwohner zählt, nur noch fünf Gaststätten, die bestenfalls bescheidene Ansprüche erfüllen.

Wo die Schöneicher Straße nach Südosten abknickt, wird auch die Bahnstrecke wieder für rund zwei Kilometer zweigleisig; teilweise wurde dieser Ausbau nötig, um die 1977 verlängerte Strecke auch weiterhin mit nur fünf Zügen im Zwanzig-Minuten-Takt bedienen zu können. Sie passiert noch die Kolonie Grätzwalde, die 1903 entstand, nachdem ein Herr Grätz zweihundert Morgen Land gekauft und es – wie damals üblich – dann stückchenweise mit Gewinn wieder veräußert hatte. Schon hier werden die Häuser immer kleiner, die Gärten immer größer, das Land immer offener. Bald breiten sich rundherum nur noch Felder aus. An der Haltestelle Jägerstraße, von wo aus es quer durch die Schönebecker Heide geht, beginnt wieder ein eingleisiger Streckenabschnitt. Wer es bisher noch nicht tat, hat hier nun Gelegenheit, eine technische Besonderheit der Schöneicher Straßenbahn zu bewundern: Die farbige Signalanlage, die erst in den Jahren 1979–83 entstand, in Zusammenarbeit mit den Leipziger Verkehrsbetrieben und »im Rahmen des Neuererwesens«; das Gelb dient dabei als eine Art Vorsignal, das die Ankunft des auf die Streckenfreigabe wartenden Zuges bestätigt. Da die Anlage nirgendwo mit Lichtzeichenanlagen für den Straßenverkehr kollidiert(e), gab es eine Ausnahmeregelung für sie. Bei der inzwischen am Ortseingang von Rüdersdorf entstandenen Verkehrsampel sind aber auch für die Schöneicher Straßenbahn wieder die üblichen Balkensignale verwendet worden.

Vorreiter bei der Industrialisierung

Nach einer Fahrt quer durch Felder, Wiesen und Heide, die einen schönen Blick in die Landschaft erlaubt, ist an der Haltestelle »Berghof Weiche« der Höhepunkt der Strecke erreicht, die mit 58 Meter über dem Meeresspiegel nun 21 Meter höher als in Friedrichshagen verläuft. Zur Unterquerung der großen Autobahnbrücke des Berliner Rings geht es dementsprechend steil bergab, in Richtung Torellplatz, wo Rüdersdorf faktisch beginnt, wieder etwas hoch.

Alles, was Rüdersdorf ist, ist es durch den Kalk: Er hat den Ort groß gemacht, ihn am Leben erhalten und schließlich nahezu stranguliert. Zisterziensermönche des Klosters Zinna entdeckten die Vorhaben im 13. Jahrhundert und vergaben geschäftstüchtig die Abbaurechte. Im 16. Jahrhundert wurden die Kalkbrüche im Rahmen der Säkularisation kurfürstliche Domäne, 1571 der erste Kalkofen gebaut. Zu einer rasanten Entwicklung kam es jedoch erst rund zweihundert Jahre später: Rüdersdorf war das einzige große Kalksteinvorkommen in der Mark Brandenburg, dazu noch nahe den Residenzen Berlin und Potsdam gelegen. Als Friedrich II. diese repräsentativ ausbauen ließ und die Bauwirtschaft auch sonst florierte, war daher in erster Linie Rüdersdorf gefordert. Die bisherige Form von Abbau und Transport durch zur Fronarbeit verdammte Bauern genügte nicht mehr, auch war die

überkommene Kalkbrenntechnologie nicht mehr effizient genug. Friedrich Anton von Heinitz, Leiter des Preußischen Berg- und Hüttendepartements, und sein Nachfolger Graf von Reden betrieben daher schon an der Schwelle vom 18. zum 19. Jahrhundert eine Industrialisierung der Rohstoffgewinnungs- und Produkionsweisen wie auch der Arbeitsorganisation, die zumal für deutsche Verhältnisse absoluten Pioniercharakter hatte.

Aus England importierte man das »Know-how« – wie das heute heißt – für eine neue Form von Öfen, die ohne Unterbrechung Kalk brannten. Diese Entwicklung des Physikers Rumford wurde in Rüdersdorf erstmals praktisch eingesetzt und trat von hier aus ihren Siegeszug durch Europa an. Zwei der Rumfordöfen, einer von 1802, der andere von 1804, sind noch erhalten und werden gerade baulich gesichert; zwischen ihnen fand man dabei unverhofft noch einen der zuvor üblichen Kammeröfen.

Sie alle bilden praktisch den Ausgangspunkt für den »Baustoff-Museumspark«, der in Rüdersdorf entstehen soll. Zu DDR-Zeiten ängstlich abgeschirmt, wird das gesamte Werksgelände inzwischen gern der Öffentlichkeit präsentiert,die auf diese Weise die Fortschritte beim Aufbau des Industriemuseums verfolgen kann. Und dies, während weiterhin Kalk abgebaut und verarbeitet wird, was einen Vergleich zwischen ganz alter und allerneuester Technik möglich macht. So es nicht gerade stürmt und hagelt, gibt es ab etwa Anfang April bis Ende Oktober jeweils samstags, sonnntags und feiertags Exkursionen, die vom Bergamt in der Heinitzstraße 11 abgehen und pro Person zehn Mark kosten, während eine ganze Familie (zwei Erwachsene, zwei Kinder) auch schon für fünfzehn Mark mitgenommen wird (weitere Infos sowie Absprache spezieller Gruppenführungen

Kalktagebau bei Rüdersdorf

unter Tel. Berlin 5 58 91 12 oder 5 59 40 67). Die dreistündige Tour beginnt um zehn und besitzt einen vorwiegend geologischen Charakter; als besondere Attraktion darf man im unteren Muschelkalk eigenhändig nach Mineralien und Fossilien suchen und Gefundenes ohne Zuzahlung mitnehmen. Die Stöckelschuhe zu Hause lassen sollte man auch bei der zirka zweistündigen Tour um elf, deren Schwerpunkt die Geschichte des Kalksteinabbaus ist, seiner Verarbeitung und die Kultur- und Industriedenkmale, die dies hinterlassen hat.

Und davon gibt es in Rüdersdorf reichlich: Für den Transport der Steine wie des Kalks baute man Anfang des 19. Jahrhunderts Kanäle, die tunnelartig unter den höheren Randbereichen hindurch zur Grube führten. Dabei gestaltete man die Tunnelmünder – natürlich mit Kalkstein – künstlerisch, woran sogar Schinkel beteiligt gewesen sein soll: Das Heinitzportal (1804) und das Bülowportal (1815/16) sind zu sehen, das Redenportal

(1827) ist noch mit Erdreich geschützt, so wie man am Ende der DDR aus Verzweiflung plante, die ganzen historischen Bauten zuzuschütten, um sie für spätere Generationen vor Vandalismus und weiterem Verfall zu schützen. Das Bergamtsgebäude von 1820 fiel noch 1989 der Spitzhacke zum Opfer, das benachbarte Magazin (18. Jahrhundert) mit dem Uhrturm von 1844 brannte erst kürzlich durch ein von Unbekannten gelegtes Feuer aus.

Etwas abseits von diesem lädierten Ensemble findet sich ein Monument nicht minder pompöser Architektur: Der Scheibenpfeiler der Seilbahn, die man errichtete, als nach 1864 der Abbau immer tiefer vorangetrieben werden mußte und schließlich den Wasserspiegel der umliegenden Kanäle unterschritt; über eine schiefe Ebene wurden die Loren nun direkt aus der

Rüdersdorf: Industriemuseum im Freien

Grube zu den Eisenbahnwaggons transportiert. Noch etwas weiter schließlich die Schachtofenbatterie, die den Bedarf des um 1870 einsetzenden Baubooms decken sollte und rund hundert Jahre in Betrieb war: Mit ihren achtzehn ungleichen Schornsteinen ist sie eines jener bizarren Industriemonumente aus einer Zeit, da Technikbauten fast wie von selbst zu architektonischen Kunstwerken wurden.

Kalk und Kulturtempel

Doch wie gesagt: Der Kalk hat Rüdersdorf nicht nur groß, sondern auch kaputtgemacht. Um die Jahrhundertwende hatte die 1885 aufgenommene Zementproduktion der Herstellung von Branntkalk die dominierende Stellung abgelaufen, auch wurden behauene Kalksteine praktisch nur noch als Verblendmaterial gebraucht. Während des Nationalsozialismus war Rüdersdorf ein wichtiger Betrieb, benötigte man seine Produkte doch ebenso zum Autobahn- wie zum Bunkerbau. Und nachdem sich der Komplex von Kriegsschäden und Demontage erholt hatte, wechselte in der DDR nur seine Aufgabe, nicht seine Bedeutung: Schon das alte Berlin war zum großen Teil aus dem Rüdersdorfer Kalk gebaut worden, das Schloß ebenso wie das Brandenburger Tor, oder hatte zumindest eine Verkleidung aus hiesigen Kalksteinen erhalten, wie das Olympiastadion; die inzwischen vier Kilometer lange, bis zu einem Kilometer breite und von der Kante gemessen zirka 95 Meter tiefe Kalkgrube stellt sozusagen die Negativform der Haupstadt dar. Nun sollten auch die öden Plattenbaulandschaften hieraus entstehen: Der in Rüdersdorf produzierte Zement wurde im Vogelsdorfer Plattenwerk verarbeitet und dann mit der Bahn gleich weiter in den Osten Berlins zur Montage transportiert. Die Plattenfabrik an der Bundesstraße 1/5 gibt es inzwischen nicht mehr: Sie ist – mitsamt ihren Arbeitern – zur Großdruckerei umfunktioniert worden, in der bis zu ihrer Pleite im Sommer 92 die berühmt-berüchtigte »Super!«-Zeitung hergestellt wurde.

Da auch noch exportiert werden sollte, wurde die Produktion extrem gesteigert, 1989 verkaufte man 3,7) Millionen Tonnen Zement, Kalk und sonstige Bindemittel. Die Zeche hatten die Rüdersdorfer zu zahlen, deren Ort stärker mit Staub belastet war als jeder andere in der DDR. Hinzu kamen die permanenten Erschütterungen durch die Sprengungen, die Umweltverschmutzung durch das Phosphatwerk und durch intensive Viehhaltung. Gleichzeitig zeichnete sich aber auch hier der Bankrott der DDR ab: Selbst in diesem wichtigen Betrieb wurde zum Schluß nur noch von der Substanz gelebt, ein Abbauflügel mußte stillgelegt werden, damit mit seinen Ausrüstungen der andere noch weiterbetrieben werden konnte.

Vom ökologischen Notstandsgebiet wird sich Rüdersdorf eines Tages vielleicht wieder zu dem beliebten Ausflugsort entwickeln, der es vor dem Kriege war. Ein Schaden läßt sich aber nicht wiedergutmachen: Mitte der siebziger Jahre wurde beschlossen, den Heinitzbruch, den man 1914 aufgegeben hatte, wieder in Betrieb zu nehmen und noch tiefer abzubauen. Der durch das einströmende Grundwasser entstandene Heinitzsee wurde abpgepumpt, die angenzenden Ortsbereiche mußten aus Sicherheitsgründen umgesiedelt werden. So wurde nicht nur ein großer Teil der Heinitzstraße abgeräumt, sondern vor allem auch das alte Kalkberger Dorfzentrum rund um den Kesselsee am Ende des Kalkgrabens.

Von diesem Kahlschlag war auch die Straßenbahn betroffen: Am 15. Oktober 1977 fuhr zum letzten Mal ein Zug von der Post die Redenstraße hinauf zum Karl-Marx-Platz (Markt). Als

Ersatz wurde am 6. November 1977 die knapp zwei Kilometer lange Neubaustrecke nach Alt-Rüdersdorf in Betrieb genommen, vorbei an der auf einer Anhöhe gelegenen Franz-Künstler-Siedlung, in deren Plattenbauten viele der alten Kalkberger umgesiedelt worden waren. Bis hierhin zu fahren lohnt sich aber nur für all jene, die Wert auf Vollständigkeit legen. Auch Alt-Rüdersdorf, wohin man von der Straßenbahnwendeschleife noch ein Stück die Hauptverkehrsstraße hinauflaufen muß, kann man sich schenken.

An der Haltestelle Heinitzstraße geht es jedoch nicht nur zum Bergbaumuseum in spe. Gleich rechts, in der Straße »Am Landhof«, findet sich eine kleine Bergarbeitersiedlung aus der Zeit um 1840; und etwas weiter erblickt man auf einem kleinen Hügel das Kulturhaus der Kalkwerke, ein Musterbeispiel stalinistischer Repräsentationsarchitektur. 1956 erbaut, enststand der Tempel in seiner die Antike vergröbernden und teils auf kuriose Weise mit modernen Elementen verbindenen Form kurz bevor auf Chruschtschows Weisung hin, die Bauideologie wieder geändert wurde und das leidige Kapitel »Platte« begann. Die Häuser rund um das Kulturhaus sind denn auch schon von jener simplen Art, derer man sich auch im Westen beim Wiederaufbau bediente.

Im Innern ist das Kulturhaus, das einen großen und einen kleinen Saal, Rüdersdorfs einzige Bibliothek und zahlreiche Zirkelräume besitzt, weitestgehend originalgetreu erhalten. Ob man die Einrichtung mit den betont gediegenen Möbeln aber noch lange wird bewundern können, ist fraglich: Im Sommer 1992 war das Geld aufgebraucht, das die inzwischen von der Readymix AG übernommenen Zementwerke noch einmal zur Verfügung gestellt hatten; bei der Gemeindeverwaltung zeigte man sich desinteressiert an dem Gebäude, bei dem die

Eigentumsverhältnisse des Grundstücks noch ungeklärt waren. Unter den vielen Plänen, die für eine zukünftige Nutzung herumspukten, waren sowohl welche für ein Kongreßzentrum als auch solche für ein Kaufhaus. Von dem kulturellen Kahlschlag, der Rüdersdorf mit der Schließung des Kulturtempels drohte, schien niemand sonderlich berührt. Offensichtlich hatten die meisten der rund 12 000 Kleinstädter, von denen viele zu den 2000 vom Zementwerk Entlassenen gehörten, andere Sorgen.

Wer vom Kulturhaus wieder zur Straßenbahnstrecke herabsteigt, sieht schräg gegenüber die hiesige Wagenhalle der Tram, an der sich auch eine nochmalige Ausweiche befindet. Ihre Strecke führt an Post, Kirche, Rathaus und mehreren Schulen vorbei, bis sie über die Kalkgrabenbrücke zum Neubauviertel gelangt. Vom Busbahnhof, schräg gegenüber der Tramanlage, kann man aber auch den Weg durch die Wilhelm-Külz-Straße mit ihren alten, in ganz verschiedenen Stilen gebauten Villen nehmen: Über die baufällige Peter-Lübke-Brücke , die den Rüdersdorfer Grund mit dem Kalkgraben überquert, gelangt man so ebenfalls zur Rudolf-Breitscheid-Straße. Wer sich dort rechts hält, kommt durch den Wald und am großen Kalksee mit dem Freibad vorbei nach zirka vier Kilometern zur Woltersdorfer Schleuse, von wo man mit der dortigen Straßenbahn nach Berlin zurückfahren kann (vgl. Tour 8).

Fahrzeit S 3 Zoo–Friedrichshagen:
43 Minuten, ab Alex: 28 Minuten, bis Köpenick jeweils
5 Minuten weniger; Linie 25 Bahnhof-/Seelenbinderstraße
S-Friedrichshagen: 14 Minuten; Linie 88: 42 Minuten,
bis Heinitzstraße 12 Minuten weniger.

Der Autor

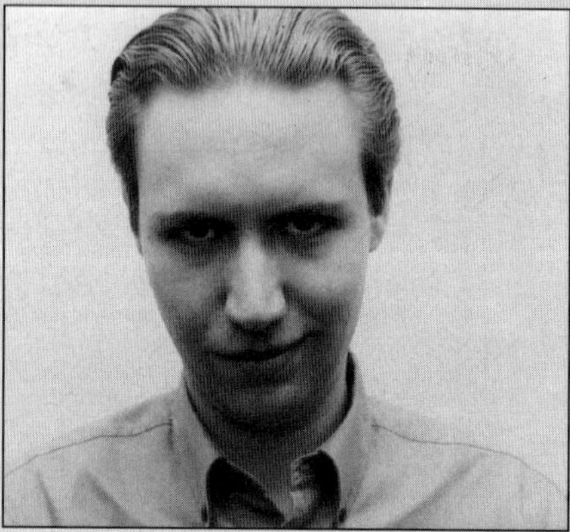

Jan Gympel, 1966 geboren, aufgewachsen und als freier Journalist tätig in Berlin. Lehrjahre bei der alternativen Kreuzberger Stadtteilzeitung »Südost-Express«; schreibt heute hauptsächlich für die Stadtillustrierte »Zitty«, »Berliner Stimme« und »Der Tagesspiegel«.

... Die Hauptstadt in die Tasche stecken

Dirk Herwagen
50 Berliner City-Touren
Von Alex bis Zitadelle. 254 S., über 100 Abb., EP 400, ISBN 3-88520-400-2

Thematisch orientierende Touren durch die deutsche Hauptstadt – und: die bekannten und unbekannten Sehenswürdigkeiten als Nachschlagewerk von A bis Z. Wer die historischen Ursprünge Berlins kennenlernen will, wird in diesem unorthodoxen Stadtführer genauso bedient wie der an Architektur Interessierte, Shopping-Freunde kommem auf ihre Kosten und auch diejenigen, die das Nachtleben in Kreuzberg oder in Prenzlauer Berg kennenlernen wollen. Im Anhang alle wichtigen Adressen.
»Berlin, wo es am schönsten ist« B.Z.

Rose Rehfeld
Radfüher Potsdam und Umgebung
Format 11,5 x 16 cm, brosch., 192 S., 50 Abb. EP 426, ISBN 3-88520-426-6

Zwanzig der schönsten Radtouren um Potsdam: nach Caputh und Brandenburg, Treuenbrietzen oder Linum. Man kann dem Geist Albert Einsteins nachspüren, zur Obstweinverkostung in Werder antreten oder sich einfach von der reizvollen Schönheit unverbrauchter märkischer Landschaft überraschen lassen. Alles getreu der preußischen Tugend »nach oben buckeln und nach unten treten« mit dem Drahtesel, doch ohne Friedrich den Großen. Angebote und Anregungen für alle Neugierigen, auch für Mütter und Väter mit Kind.